Allgäu

Meine Lieblingsplätze

Wandern durch die Breitachklamm
In einer der schönsten Schluchten Europas mit dramatisch hohen Felswänden unten den wilden Fluss sehen
S. 19 und 92-95

Kloster Ottobeuren
In diesem einzigartigen Zeugnis barocker Formgestaltung ein Konzert mit geistlicher Musik erleben
S. 46

Memmingen
Nach dem Bummel durch die Jahrhunderte draußen vor einem Marktcafé entspannen
S. 38

Liebe Leserin, lieber Leser,

was gibt es Neues im Allgäu? Die Frage muss erlaubt sein, denn unsere südlichste Ferienregion ist nicht erst seit gestern eines der beliebtesten Urlaubsziele in Deutschland – und ein bisschen auch in Österreich, denn zum „weiteren Allgäu" zählen sich auch Kleinwalsertal und Tannheimer Tal.

Schon seit dem 19. Jahrhundert lassen sich die Urlauber von den weißen Gipfeln und grünen Wiesen des Hochgebirges begeistern, von märchenhaften Schlössern wie Neuschwanstein und der Kronburg, überschwänglich geraten sie in Fahrt auf den Pisten von Nebelhorn und Fellhorn, und wandernd oder radelnd erobern sie das Voralpenland.

Sie wandeln durch stolze alte Reichsstädte und geistliche wie fürstliche Residenzen, reich an Bauten vieler Epochen, vor allem an Kirchen und Klöstern im verschwenderischen Barock, und teilen das Alltagsleben der Allgäuer, die, obwohl vom Wesen zurückhaltend, ihre vielen Feste ausgelassen feiern.

Also alles beim Alten? Keineswegs, denn die umtriebigen Allgäuer sind nicht nur seit langem Vorreiter einer naturverbundenen und auf Gesundheit ausgerichteten Tourismuswirtschaft, sie gehen auch heute mit der Zeit. Neben Pfarrer Kneipps Wasserbecken erstrecken sich daher die neuesten Wellnesslandschaften; Sport und Abenteuer haben ihre Plätze neben den traditionellen Genüssen rings um Käse, Kuh und Heu gefunden; der Memminger Flughafen verbindet eine traditionsbewusste Region mit den Metropolen Europas.

Also alles neu? Zum Glück nicht, denn gänzlich unverändert blieben die grandiosen Berge, die Herzlichkeit und Gelassenheit eines Landstrichs und seiner Bewohner. Bis zum nächsten Mal.

Herzlich Ihr

Andreas Hallaschka
MERIAN-Chefredakteur

Für MERIAN unterwegs

Stefan Becker, Autor und Fotograf, erkundet den Waldseilpark bei Bolsterlang **Seite 40**

Oliver Fischer (rechts), Autor, und Fotograf **Christoph Otto** (links) mit Abt Paulus Weigele im Kloster Ottobeuren **Seite 46**

Birgit Heiland-Falz, Autorin, und **Günter Standl,** Fotograf, wissen jetzt alles über Bergkäse **Seite 54**

INHALT

Allgäu

SEITE 46

GLAUBENSORT

Die Bibliothek der Benediktinerabtei Ottobeuren

SEITE 96

TRAUMSCHLOSS

Neuschwanstein symbolisiert die Sehnsucht der Welt nach der bayerischen Romantik

MERIAN | Reise-Service ab Seite 137

Schöner mit Hut

Für jeden Kopf, sagt Charlotte Schmutzler, gibt es einen Hut. Mit neuen Ideen und geschickten Händen entwirft und fertigt die junge Modistin im Atelier der über 200-jährigen Firma Mayser in Lindenberg (B 6), was dann erhobenen Hauptes auf der Straße getragen wird. Ein Hut wird nicht einfach aus dem Hut gezaubert – ein neuer Schnitt kann durchaus eine Woche Arbeitszeit kosten. Charlotte Schmutzler schloss 2007 ihre Ausbildung als bundesweit Beste ab. Nicht nur Damenhüte fordern die Kreativität heraus. Wie sich die Männer in Deutschland so „behüten“? Im Süden gern im Trachtenstil, an der Nordsee eher wasser- und winterfest. **www.mayser-kopfbedeckungen.de**

Heiterer mit Enzian

Auf der Alpe Hörmoos (C 7), 1300 Meter über Steibis gelegen, ist Michael Schneider geboren, aufgewachsen und 20 Jahre lang Wirt des Alpengasthofs gewesen. 2002 richtete er mit Ehefrau Gerda gleich nebenan seine Kräuteralpe mit der höchst gelegenen Brennerei im Allgäu ein. Bergwanderer können seinen Garten mit 100 Kräuterarten bewundern und bei der Pflege der Alpweiden helfen. Im Winter sind Schneeschuhwanderungen angesagt oder das Bauen eines Iglus, in dem natürlich auch übernachtet wird. Ganzjährig lädt der Kräutermichel in seine Destille und zum Verkosten eines Enzianbrands oder eines Vogelbeerenlikörs ein. **www.kraeuteralp.de**

1954

1972

1983

Vor 55 Jahren noch ganz in Schwarzweiß, in den Siebzigern volkskundlich, danach historiebetont und farbig – MERIAN im Wandel

Härter mit Hammer

Drinnen dröhnt der Hammerschlag, draußen klappert die Mühle. Das geht schon etwa 500 Jahre so. Seit 30 Jahren betreibt Albert Scholl in Bad Hindelang eine der letzten und ältesten Hammerschmieden des Allgäus. In der Oberen Hammerschmiede (E 7) im Ostrach-Tal stellt Scholl, schon in fünfter Generation, vor allem ein Spitzenprodukt her: die handgeschmiedete Bratpfanne in 17 Größen und Varianten. Früher waren es Kriegsutensilien, die aus dem Erz des Hintersteiner Tals entstanden: Landsknechtsspieße und Hellebarden. **www.hammerschmiede-scholl.de**

Käseolympiade

Ein Dreikampf war zu bestehen auf der 5. „Olympiade der Käse aus den Bergen“ in Oberstdorf: Aussehen, Geschmack, Konsistenz. 717 Proben aus zehn Ländern wurden auf die Tischbahnen geschickt, in drei Tagen waren 58 000 Besucher auf den Rängen. Die Olympioniken hatten sich in 42 Kategorien zu beweisen. Gold, Gold, Gold!!! für Mathias Martin aus Bolsterlang in der Disziplin „Allgäuer Sennalp-Bergkäse“.

PRIVATBIER

Das Allgäu ist Bierland. Gut 20 Produzenten garantieren, dass Leitung und Zapfhahn nicht trocken fallen, darunter einige Privatbrauereien wie Zötler in Rettenberg, eine der ältesten deutschen Familienbrauereien (1447). Weil es im Ort außerdem die Privatbrauerei Engelbräu gibt, nennt sich Rettenberg (4200 Einwohner) „südlichstes Brauereidorf Deutschlands“. Doch wichtiger als ein Titel ist Qualität. Zötler gewann 2007 Gold beim European Beer Star Award, Engelbräu beim World Beer Cup 2008. Der Weg nach Rettenberg (D 7) lohnt also.

Bayernfalle

Herbert Knaup, geboren in Sonthofen, spielt den Kommissar Kluftinger in der BR-Produktion „Erntedank“. *„Das Allgäu ist ein Idyll und hat eine Ruhe, die einem Kraft geben kann. Da sind die Grashalme einen halben Zentimeter dicker als woanders. Und wenn die Menschen hier einmal aufgetaut sind, dann sind sie sehr freundlich, herzlich und geradlinig.“*

Ulrich Kienzle, Journalist und TV-Moderator, trat 2008 in der Operette „Zigeunerbaron“ in Altusried auf – in einer Gastrolle als Kommissar Kluftinger. 2008 erschien sein Buch über die Schwaben „Wo kommsch denn Du alds Arschloch her?“ *„Die Allgäuer haben Schwierigkeiten mit ihrer Identität. Sie wollen keine Schwaben oder Alemannen sein, sind aber auch keine Bayern. Politisch sind sie schon Bayern, aber nicht nach der Abstammung. Da gibt es dann das Schankstüberl und nicht das Schankstüble, das wird leider immer mehr verbayert.“*

Die Kühe haben sich gewundert, die Karawane zieht weiter durchs Ostallgäu

Wüste Allgäu

Das Allgäu ist nicht Algerien, dennoch können Reiter mit Hang zum Exotischen das Voralpenland auf dem Rücken von Dromedar oder Trampeltier erkunden. Die Kamelfarm in Hack bei Seeg (F 6) bietet Stunden- oder Halbtagsausflüge (letztere für Gruppen) an und verrät auch die Tricks beim Auf- und Absteigen. Wer den Schaukelgang scheut, kann seine Kinder in den Streichelzoo der Farm begleiten, hier gibt es allerhand Wüstentiere aus nächster Nähe zu sehen. Begeisterte können Seminare für Neueinsteiger in die Kamelhaltung buchen. www.kamelfarm-allgaeu.de

Kässpatzen

Das Allgäuer Nationalgericht ist zwar noch nicht in aller Munde, doch die Vorliebe des Kriminalkommissars Kluftinger für die deftige Mahlzeit, die in so gut wie jedem Allgäuer Wirtshaus serviert wird, macht auch Nordlichter neugierig. Und so bereitet Kluftis Frau die Kässpatzen zu: Zutaten: 4-5 Eier, 500 g Mehl, 200-250 ml Wasser, Salz, 100 g Emmentaler, 100 g Bergkäse, 50 g Romadur, 50 g Weißlacker, 6-8 Zwiebeln, Pfeffer, Butter oder Öl. Aus Mehl, Eiern, Wasser und Salz wird ein zähflüssiger Spätzleteig zubereitet, den man mit dem Spätzlehobel in kochendes Wasser reibt. Die garen Spätzle werden mit dem Käse in eine warme Schüssel gegeben und danach mit den gerösteten Zwiebeln bedeckt. Mehr Allgäuer Gerichte unter www.allgaeuer-rezepte.de

Kaufbeurens Kinder

1600 bis 1700 Kinder tauchen ab in die Vergangenheit Kaufbeurens, wenn sie jährlich im Juli die Geschichte ihrer Stadt von der Karolinger- bis zur Biedermeierzeit nachstellen. Zwölf Tage lang tummeln sich kleine Landsknechte, Marketenderinnen, Turmwächter, Gaukler, Bürgerfräulein und Fanfarenbläser auf den mit Ritterzelten bestückten Straßen und Plätzen. Das Tänzelfest ist, für 1658 erstmals belegt, das älteste Kinderfest Bayerns. Höhepunkte: die Umzüge und Auftritte der Knabenkapelle mit 60 Bläsern und 20 Trommlern

GABLONZ GLÄNZT

Vom Brautschmuck über Colliers und Ketten, Ohrschmuck und Strass bis zu Accessoires: 120 Firmen in Neugablonz (Kaufbeuren) setzen die Herstellung von Modeschmuck, für die Gablonz in Böhmen berühmt war, in Bayern mit modernen Produktionstechniken fort. Eine Reihe von Unternehmen verkauft direkt – auch Echtschmuck und Halbfabrikate. www.gablonzer-schmuck.de

Kuh-Kalamitäten

Eine Kuh wird abgeschleppt. Hier einige Verkehrsregeln für die Bergwanderung: Was ist zu tun, wenn ein neugieriges Kalb oder hungriges Rind auf den Bergwanderer zustürmt? – Nicht streicheln! Abstand halten. Und vor allem: die Körpermasse nicht unterschätzen! Nicht wegrennen, Stolpergefahr! Ruhig weitergehen, man wird in der Regel nicht umgerannt. Trotzdem: Festes Schuhwerk und lautes Reden empfiehlt sich zum Schutz vor den Rüpeln. Übertriebene Angst ist nicht angesagt; wenn das Rindvieh einfach nur im Weg steht, kann man ihm auch mal einen Klaps geben. Gefressen wird man nicht, Kühe sind Vegetarier!

ALLGÄUER PREMIUM
MECKATZER LÖWENBRÄU
WEISS GOLD
MECKATZER
Das Sonntagsbier.
www.meckatzer.de

Die Pfarrkirche St. Andreas ist Mittelpunkt von Nesselwang. 1904 bis 1906 wurde der Bau neu errichtet. Auf alte Opulenz wollte man dabei nicht verzichten. Schmuck im Stil des Neu-Rokoko ziert den Innenraum

Zeit fürs Allgäu

FOTOS: GERALD HÄNEL

Unter weißblauem Himmel, Alpengipfeln und Zwiebelhauben öffnet sich ein Land von großer Vielfalt. In Deutschlands äußerstem Süden locken sanfte Hänge und schroffe Felsen, idyllische Dörfer und kleine Städte mit großer Geschichte. Die oft zurückhaltenden Allgäuer empfangen ihre Gäste aufs Herzlichste. Sie wahren stolz ihre Traditionen – ohne den Blick nach vorn zu verlieren

Die Parade der Kühe

Sie ist die ungekrönte, aber bunt bekränzte Königin des Allgäus: die Milchkuh. Noch im 19. Jahrhundert lebte man eher schlecht als recht vom Weben des blau blühenden Flachses. Doch dann wandelte sich das Allgäu vom blauen Flachsland zum grünen Grasland. Milch und Käse der auf saftigen Kräuterweiden grasenden Kühe sind Allgäuer Exportschlager

Viehscheid in Gunzesried. Die glückliche Rückkehr ins Dorf nach dem Sommer auf den Alpwiesen wird zum großen Fest

Üppiges Rokoko-Dekor im Thronsaal der Fürstäbtlichen Residenz. Die ab 1652 gebaute Klosteranlage ist eine Machtdemonstration der Katholiken in dem nach dem Dreißigjährigen Krieg gespaltenen Kempten

Die Eleganz des Rokoko

Nach dem Dreißigjährigen Krieg feierte sich die verschwenderische Pracht des Barock, dann die schwungvolle Leichtigkeit des Rokoko. Zu den hervorragenden Barockbauten im Allgäu zählen die Residenz und die Basilika St. Lorenz der Klosteranlage in Kempten. Der überreiche Schmuck ist Symbol der politischen und wirtschaftlichen Macht der Fürstäbte – von mönchischer Bescheidenheit keine Spur

Gute Aussichten und große Herausforderungen:
auf dem 2224 Meter hohen Nebelhorn (großes Foto),
auf dem Hindelanger Klettersteig (rechts oben)
und auf dem Weg durch die Breitachklamm (rechts unten)

Die Majestät der Gipfel

Nur ein kleiner Teil der Alpen gehört zum Allgäu, doch das reicht aus, um Wanderern, Kletterern und Wintersportlern zu Hochgefühlen zu verhelfen. Manche suchen das Abenteuer, andere Erholung in der Natur – und alle werden fündig

Märchenhaft leuchtet Neuschwanstein über dem Forggensee.
Die nächtliche Stimmung hätte Ludwig II. fasziniert. Er liebte die Einsamkeit, wollte sein Märchenschloss für sich ganz allein

Der Mythos der Burgen

Nicht erst die Schlossbauwut des Märchenkönigs machte das Allgäu bekannt und attraktiv. Die ersten Touristen kamen bereits um 1850. Und lange vor Ludwig II. hatten Siedler, Besatzer und Grafen heute viel besuchte Wahrzeichen gebaut: etwa sechzig von ihnen sind im Allgäu zu bewundern

Die Magie der Feste

Brauchtum – ob alemannisch, schwäbisch oder bayerisch – die Allgäuer hängen ihr Herz daran. Und die Musik spielt eine Hauptrolle, bei bäuerlichen Festen unten im Dorf ebenso wie oben auf dem Berg, wenn die Alphornbläser den Sommer verabschieden. Über 150 Alphornbläsergruppen gibt es im Allgäu, das alte Hirteninstrument erlebt eine Renaissance. Die tiefen Töne sorgen bei manchem Zuhörer für innere Ruhe

Die „Älplerletzte". Die Bläser der Euregio Alphorngruppe Via Salina beschließen den Bergsommer bei der Kanzelwand im Kleinwalsertal

Wiesen, Dörfer, Hügel, Berge: Allgäu-Panorama bei Oberdorf (großes Foto). Die uralten Häuser von Gerstruben stehen unter Denkmalschutz (rechts oben). Im Bauernhofmuseum von Illerbeuren (rechts unten) wird noch immer aufgezäumt

Foto: Arthur F. Selbach

Die Kraft der Natur

Grüne Wiesen und braunes Milchvieh sind Synonym für das Allgäu, doch deren wirtschaftliche Bedeutung geht zurück. Umso hingebungsvoller pflegen die Menschen die Landschaft und erhalten liebevoll so manches uralte Gehöft

Bluatsakra!“ Kluftinger quetschte den Fluch kaum hörbar zwischen seinen Zähnen hervor. So viele Akten wie selten türmten sich auf dem Schreibtisch des Kemptener Kriminalkommissars. Und jetzt das: Sein Chef Lodenbacher hatte ihn aufgeregt in einen Raum mit vier fremden Menschen geführt, diese als Mitarbeiter des NDR vorgestellt und Kluftinger damit beauftragt, ihnen das Allgäu zu zeigen.

Das Allgäu zeigen? Kluftinger war doch kein Fremdenführer. Und schon gar nicht für Angestellte irgendeiner Versicherungs …

„Sie kennen ja sicher den Norddeutschen Rundfunk?“ Die Frau mit dem eleganten Hosenanzug streckte ihm die Hand entgegen. Ihrem Auftreten nach zu urteilen war sie die Chefin der Truppe, dachte Kluftinger.

„Sicher, sicher, der … Nord-BR“, murmelte Kluftinger und sah sich Hilfe suchend zu seinem Chef um, der gerade mit einem aufmunternden Augenzwinkern aus dem Zimmer schlüpfte, das sonst als Vernehmungsraum genutzt wurde. Für Delinquenten. Und genau so kam sich Kluftinger gerade vor.

„Heinz, Hanno, Herbert, Hildegard“, sagte die dunkelhaarige Frau forsch und zeigte mit einer unbestimmten Handbewegung auf ihre Truppe. Ha-ha-ha-ha, dachte der Kommissar bitter.

„Toll, dass Sie sich bereit erklärt haben, uns zu helfen. Also … wir haben uns das so vorgestellt …“

Zehn Minuten später saß Kluftinger konsterniert an seinem Schreibtisch. Er ließ das Briefing – so hatte es die Frau vom Fernsehen genannt, ohne zu erklären, was das denn nun mit der Post zu tun habe – noch einmal Revue passieren. Er musste das tun, denn sie hatte viel zu schnell gesprochen. Sie kam eben aus Norddeutschland. „Den“ Allgäu sollte er ihr zeigen. Priml! Das Allgäu hatte wirklich schon genug … Zugreiste. Eine Allgäuführung für das Fernsehteam! Anhand der Schauplätze seiner spektakulärsten Fälle! – **Und Interviews mit ihm!**

Er überlegte gerade, ob es ohne dienstrechtliche Verwicklungen möglich wäre, die Sache wegzudelegieren, da klingelte das Telefon. Es war seine Frau. Eigentlich rief sie an, um ihn an seinen Friseurbesuch zu erinnern. Und er? Erzählte ihr leichtfertig von der Sache mit dem Fernsehteam. Jetzt beharrte sie darauf, vorbeizukommen, um ihm für seinen „Auftritt“ ein schöneres Sakko zu bringen.

Die Morgenlage-Besprechung, eigentlich eine langweilige Pflichtübung, war heute kaum auszuhalten. Die Kollegen

»Bluatsakra! Das Allgäu zeigen?«

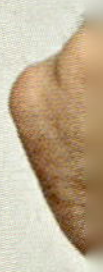

Wir hatten es uns anders vorgestellt. **Die Bestseller-Autoren Volker Klüpfel und Michael Kobr** sollten den MERIAN-Lesern Schönheit und Sehenswürdigkeiten des Allgäus zeigen. Beide sind in Kempten geboren, leben und arbeiten in der Region – Klüpfel als Journalist, Kobr als Lehrer. Ihre intime Kenntnis von Land und Leuten wollten wir nutzen. Die Väter von Kommissar Kluftinger, der in vier Kriminalromanen mit Allgäuer Heimatkolorit („Milchgeld“, „Seegrund“, „Laienspiel“, „Erntedank“) zur Kultfigur wurde, sagten zu. Doch dann übergaben sie den Fall direkt an „Klufti“. Der kauzige Verbrecherjäger ließ sich auf die Führung einer Truppe von Nordlichtern durch das Allgäu ein. Und dabei wäre er fast selbst zum Mörder geworden überboten sich gegenseitig mit geistreichen Beiträgen, die immer damit endeten, dass sie sich mit einem Seitenblick zum Kamerateam vergewisserten, ob es auch alles eingefangen hatte. **In diesem Moment vibrierte Kluftingers Handy in der Hosentasche zweimal**, hörte dann auf, um noch dreimal Signal zu geben: ein Zeichen, das er mit seiner Frau vereinbart hatte, das je nach Situation hieß: „Kannst kommen!", „Kannst was erleben!" oder wie jetzt: „Bin da!". Kluftinger war stolz auf diese Idee, die es ihm ermöglichte, mit dem Handy zu kommunizieren, ohne dass dabei Verbindungskosten anfielen. Er ging nach draußen, schlüpfte in das Sakko, ließ sich von seiner Frau noch den Kragen richten und betrat erneut den Raum. „Wo waren wir ..."

„Entschuldigung, so geht das aber nicht", unterbrach ihn Hildegard. „Hä?" – „Das Sakko!" – „Ja, das ist mein gutes, meine Frau ..." – „Sie müssen wieder das andere anziehen." – „Was?"

Hildegard verdrehte die Augen und sagte: „Das sieht sonst im Fernsehen aus, als hätten Sie ein magisches Wechsel-Jackett an. Also: Das andere, bitte. Das eben können wir ja rausschneiden."

Zehn Minuten später saßen sie zu fünft in einem weißen Van und fuhren durch die Kemptener Innenstadt – der Kommissar wie gewünscht in jenem Jackett, das er sein „Alltagssakko" nannte, im Gegensatz zu seinem „Abends-unter-der-Woch-Sakko" und seinem „Auf-d'r-Wanz-Sakko". **Kluftinger kam sich ein bisschen vor wie der Mann in dem Loriot-Sketch**, dem mit der Boutique und dem Papst, so oft musste er denselben Satz wiederholen, und immer hatten die Fernsehleute etwas auszusetzen. Mal fuhr er zu schnell, mal zu langsam, dann schaute er zu wenig natürlich, schließlich nuschelte er zu arg.

Wortlos parkte der Kommissar den Wagen vor der imposanten barocken Basilika Sankt Lorenz und stellte den Motor ab. Er hatte einen hochroten Kopf.

„So, jetzt hört's ihr mir einmal gut zu", setzte er schnaubend an, „ich hab mich breitschlagen lassen, mit eurem Karren rumzugurken, weil ihr – ha! – in meinen Passat nicht reinpasst. Aber reden darf ich schon so, wie ich es wollen tu, gell? Und zwar über Sachen, die ich mir aussuch. Wenn ihr jemand rumkommandieren wollt's, könnt's ihr ja einen von diesen ganzen ... Allgäukrimis da verfilmen. Aber dann bitt'schön ohne mich. Und wenn der Preiß mich nicht versteht, dann schreibt's halt Untertitel hin!"

Kluftinger hielt inne, holte Luft und sah aus dem Fenster. Er erwartete, dass die Fernsehleute ihre Sachen packen und

Volker Klüpfel

Michael Kobr

er sich in Lodenbachers Büro wiederfinden würde, doch nach einer langen Pause sagte Hildegard: „Habt ihr das? Danke, Herr Kluftinger, das war ganz außerordentlich authentisch. Haben Sie vielleicht jetzt ein paar Kühe für uns?“

Die nächste Viertelstunde – sie waren auf der Fahrt nach Füssen – verlief schweigend. „Erzählen Sie uns doch mal was über Füssen“, schaltete sich Hildegard ein.

Je mehr er erzählte, desto mehr geriet er ins Schwärmen: Vom Alatsee, dem herrlichen, mystisch-düsteren Gewässer oberhalb von Füssen, dem „blutenden See“, wie ihn die Einheimischen nannten, mit seinen vielen Geheimnissen, der seltsamen roten Algenschicht, den Wehrmachts-Technik-Versuchen und dem amerikanischen Sperrgebiet. Allerdings war der Anlass, der ihn dorthin geführt hatte, wenig erfreulich gewesen: Ein lebloser Taucher im Schnee war Auftakt zu einem mysteriösen Fall gewesen.

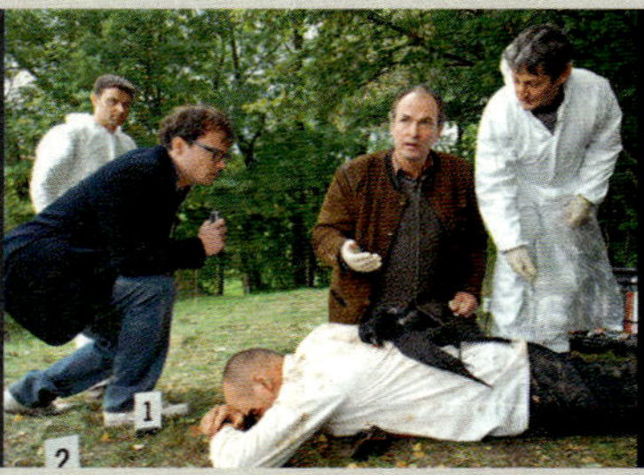

»Erntedank« vom BR verfilmt
Herbert Knaup (Mitte) spielt den sperrigen Kommissar Kluftinger. Gemeuchelt wurde nach Motiven aus der Allgäuer Sagenwelt

Als er geendet hatte, blieb es wieder für einen Moment still. **Dann strahlte Hildegard: „Das, Herr Kluftinger, war Spitzenmaterial.** Absolut sendefähig und verwertbar. Bitte machen Sie genau so weiter. Und keine Angst, wenn’s zu allgäuerisch wird: Das können wir dann rausschneiden.“

Kluftinger nickte. Bitte! hatte sie gesagt. So ließ er sich das schon eher gefallen.

Eine Stunde später hatten sie den Dreh am Alatsee beendet – allerdings ohne Kühe, wie Hildegard enttäuscht bemerkte. „Und jetzt? Wenn wir schon mal in Füssen sind, wollt’s ihr noch nach Neuschwanstein?“ – „Also wenn ihr mich fragt“, sagte der Tonmann, „ich hätte einen mörderischen Kohldampf. Kann man beim Schloss was essen?“

„Nein“, versetzte Kluftinger schnell, „beim Schloss nicht. Da essen höchstens die Preißen.“ Ihm stach der NDR-Aufkleber auf dem Armaturenbrett ins Auge. „Also, und die anderen Touristen halt, die wir hier so … gern empfangen.“

Gibt es denn beim Schloss keinen spektakulären Kriminalfall?“ erkundigte sich Hildegard. Kluftinger grinste: „Allein die Souvenirs, die da verkauft werden, sind ein Verbrechen an der Menschheit. Aber sonst … eigentlich nichts Spezielles.“

„Dann lassen wir das. Wir bräuchten übrigens noch eine Liste schöner Orte von Ihnen …“

„Also, ich wär als nächstes mit Ihnen nach Buxheim gefahren.“ – „Buxheim?“

„Bei Memmingen. Da gibt’s eine Kartause mit einem einmalig schönen Chorgestühl. Und eine Figur daraus hat in meiner bisher spektakulärsten Mordserie eine wichtige Rolle gespielt.“

Mit leuchtenden Augen sagte Hildegard: „Na, dann legen Sie mal los.“

Als sie Buxheim wieder verließen, wussten die Filmleute alles über die geheimnisvollen Morde, begangen nach dem Vorbild von Allgäuer Sagen, und von der geschnitzten Figur im Chorgestühl, die dem Mörder als Symbol diente. Da es auf dem Weg lag, hatten sie auch noch die Basilika Ottobeuren „mitgenommen“, wie Hanno gesagt hatte, eine spätbarocke, gewaltige Klosterkirche, in der immer die weltberühmten klassischen Konzerte stattfanden – jedenfalls hatte Kluftinger das gehört. Denn seit er einmal einen Kammermusikabend über sich ergehen lassen musste, war er, was Klassik betraf, für den Rest seines Lebens bedient.

Als sie wieder fahren wollten, drohte Hanno damit, die Arbeit niederzulegen, wenn man nicht endlich einen Imbiss nähme. **Mit dem Versprechen, es gebe unterhalb der Kirche ein Gasthaus mit einmalig guten Bratwürsten, machte Kluftinger auch den anderen den Mund wässrig.** Alle wollten die Spezialität des Hauses probieren, nachdem Kluftinger versichert hatte, Kässpatzen seien zwar ein typisches Allgäuer Schmankerl, aber die würde er heute Abend von seiner Frau bekommen.

„Was soll … das denn sein?“ Die Bedienung hatte ihnen gerade ihre Speisen und Getränke hingestellt und wünschte „an Guat’n“. Hildegard blickte entsetzt auf ihren Teller.

„G’schwollene halt.“

Die Nennung des Namens erwies sich als kontraproduktiv, Hildegards Ekel vor dem auf ihrem Teller liegenden Essen zu mildern. Kluftinger runzelte die Stirn. Er hätte ihnen doch sagen sollen, was man hier unter Bratwürsten verstand: weiße Gebilde ohne Pelle aus fein gemahlenem Brät, von einer Konsistenz, die ihrem Namen alle Ehre machte. „Ja und?“, sagte Kluftinger und überspielte damit sein Schuldbewusstsein. „Sie wollten doch Kühe. Jetzt ham’S welche auf’m Teller!“

Alle Versuche Kluftingers, seine nicht gerade sensiblen Worte beim Essen durch besonders intensive Mithilfe beim Drehen wieder wettzumachen, scheiterten. Die Atmosphäre blieb vergiftet.

„Das schneiden wir dann raus“, bellte Hildegard bei jedem noch so kleinen Versprecher Kluftingers vorwurfsvoll und so entschloss sich der Kommissar, ihnen die Ortsliste zu schreiben und dann das Weite zu suchen. Hildegard nahm den Zettel an sich und begann halblaut zu lesen: „Eistobel, Knappendorf Burgberg, Dengelstein, Gogglwirt in Bettrichs.“

„Ah, Moment“, sagte Kluftinger, nahm das Blatt noch einmal an sich, kritzelte etwas darauf und gab es ihr zurück.

„Und Berge“, las Hildegard. Dann sah sie ihn mit einer Mischung aus Unverständnis und Zorn an: „Herr Kluftinger, das ist ja wieder alles ohne Kühe. Wenn wir den Zuschauern den Allgäu zeigen wollen, dann erwarten die Kühe von uns.“

Kluftinger holte schon zu einer Retourkutsche Luft, da hatte er eine Idee. „Also gut“, sagte er, „fahrt’s mir nach. Ich bring euch zu euren Kühen.“

Zehn Minuten später standen sie vor einem großen Hof unweit von Kluftingers Wohnhaus.

„Haben die Kühe auch so tolle Kränze auf dem Kopf?“, fragte Hildegard voll freudiger Erwartung.

„Sicher“, gab Kluftinger knapp zurück. Er bedeutete ihnen, ihm zu folgen, und plötzlich standen sie in einem riesigen Stall. Kluftinger drehte sich um und grinste. Hildegard blickte verständnislos zurück. „Und wo sind die Wiesen? Das ist ja nur ein stinkender Stall!“

„Den können Sie später ja rausschneiden“, entgegnete Kluftinger. Dann drehte er sich um und ging. Bevor er durchs Tor in die Dämmerung verschwand, hob er, ohne sich umzudrehen, noch einmal die Hand zum Gruß: „I bin gangen.“ □

FOTOS: ARTHUR F. SELBACH

Die Stadt

DAS HOHE SCHLOSS über Füssen, Blick vom Uhrturm auf Wehrgang und Nordflügel. Die meisten Erker und Fenster auf den Fassaden sind Illusionsmalerei

als Schatz

Gegründet von Kelten und Römern, besiedelt von Alemannen und Bajuwaren, beherrscht von Fürsten und Bischöfen, einige als Reichsstädte nur dem Kaiser untertan: Die Städte des Allgäus sind klein, aber bedeutend, und kurz sind die Wege vom Mittelalter in die Moderne

Geigenwerkstatt im Stadtmuseum. Füssen wurde im 15. und 16. Jahrhundert ein Zentrum des Lauten- und Geigenbaus in Europa

EINST KREUZTE DIE VIA CLAUDIA AUGUSTA auf dem Weg nach Italien den Lech. Ein Kastell sicherte den Übergang. Hier entstanden seit dem 8. Jahrhundert das Benediktinerkloster St. Mang, ein fränkischer Königshof und schließlich die Siedlung. Sie entwickelte sich zur Reichsstadt und 1313 zur Sommerresidenz der Augsburger Fürstbischöfe. Die Ausstrahlung Füssens war im Ostallgäu unvergleichlich. Heute ist die Stadt das Tor zu den Königsschlössern

Die ovale Bibliothek der barocken Klosteranlage von St. Mang. Von der Mitte des Saals kann man in das Refektorium der Mönche hinabschauen

füssen

ROMS BRÜCKE

DIE FREIE REICHSSTADT ist Mittelpunkt des Ostallgäus, Leinenweberei und Schmiedehandwerk machten sie reich, die prachtvolle Kaiser-Max-Straße ist Zeugnis florierenden Handels vor 500 Jahren. Maximilian I. logierte gern und häufig in der gotisch geprägten Stadt

Vom Kaiserhaus zum Gotteshaus. Der mächtige Bau an der Kaiser-Max-Straße, 1504 von Maximilian erworben, wurde später zur Dreifaltigkeitskirche umgebaut

Die Basilika St. Lorenz und die Residenz. Geistliche und politische Macht in direkter Nachbarschaft

Foto: Gerald Hänel

kempten

HERZ DES ALLGÄUS

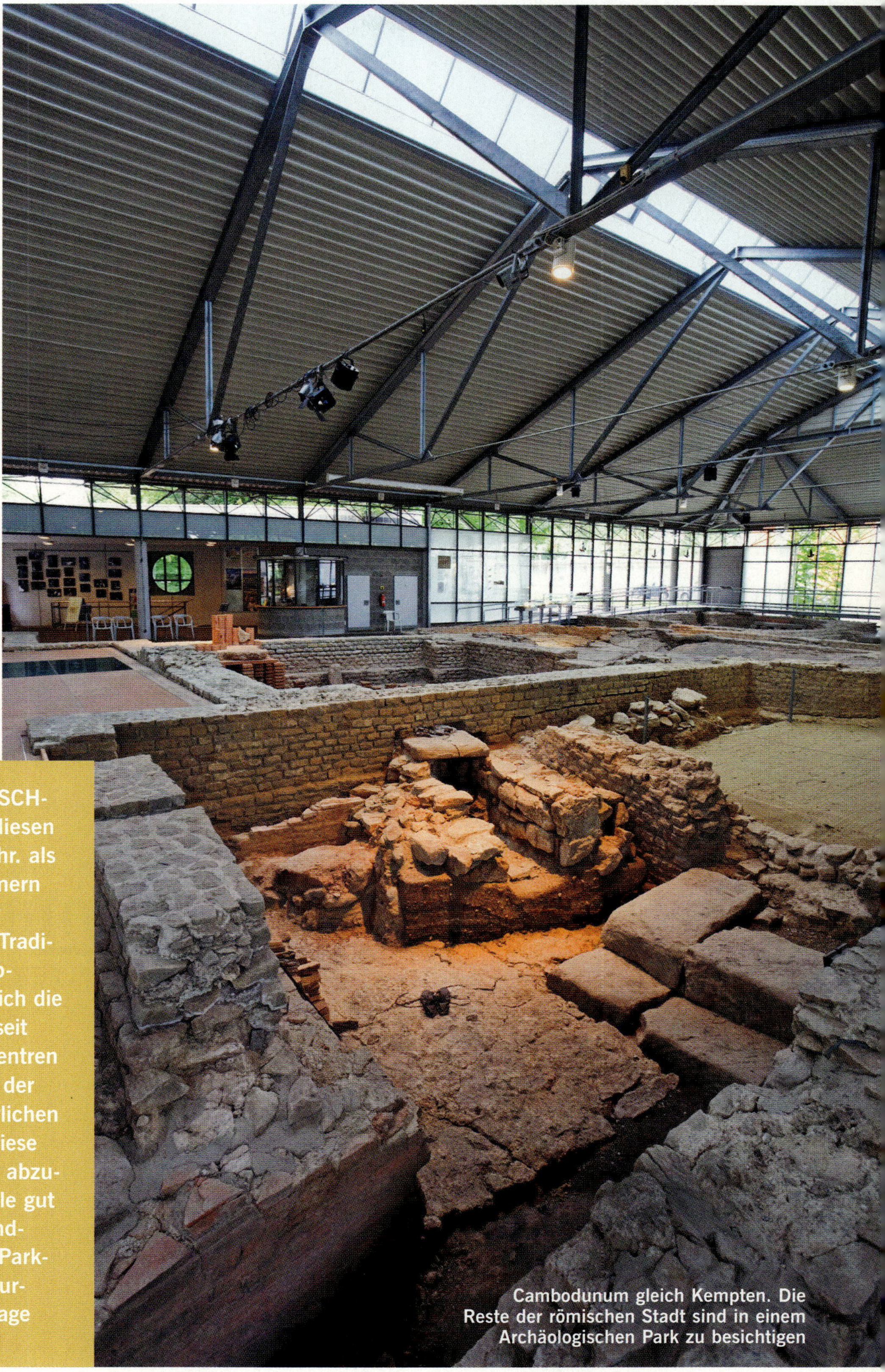

DIE ÄLTESTE STADT DEUTSCHLANDS? Im Wettstreit um diesen Titel steht Kempten, 15 v. Chr. als Keltensiedlung von den Römern erobert, recht gut da. In der vitalen Stadt, die heute die Tradition harmonisch mit der Moderne verbindet, verstehen sich die Kemptener auf den Spagat, seit sie in zwei rivalisierenden Zentren lebten: der Reichsstadt und der Stiftsstadt, unter den Kaiserlichen und unter den Fürstäbten. Diese Geschichte ist am Stadtbild abzulesen – man ist stolz auf viele gut erhaltene Patrizier- und Handwerkerhäuser, auf Kirchen, Park-Oasen, ein spannendes Kulturleben und die schöne Iller-Lage

Cambodunum gleich Kempten. Die Reste der römischen Stadt sind in einem Archäologischen Park zu besichtigen

Fischer- und Bootshäuser am Alpsee. Er ist im Sommer warm genug zum Baden und im Winter Treffpunkt der Schlittschuhläufer

immenstadt

JUWEL AM WASSER

DER ALPSEE ist das Schmuckstück der alten Oberallgäuer Handelsstadt, die mit dem Umschlag von Salz und Leinen reich wurde. Den großen Marienplatz ziert ein schönes Renaissance-schloss, doch auch das Ländliche ist gegenwärtig, wenn im Herbst der Viehscheid von 1000 Rindern zum großen Fest wird

Das Rathaus bewacht Ritter Georg von Frundsberg, ein genialer Landsknechtsführer des 16. Jahrhunderts

mindelheim

ALTER MIT WÜRDE

DER STADTKERN ist sorgfältig renoviert, und so stellt sich das mittelalterliche Mindelheim mit Türmen und Toren, Kirchen und Kapellen als Preziose des Unterallgäus dar. Die Erinnerung an die Vergangenheit wird nicht nur im Krippen-, Textil- und Archäologiemuseum gepflegt, sondern auch mit dem historischen zehntägigen Frundsbergfest

Malerische Renaissance. Das Frauentor, auch Ravensburger Tor, an der Herrenstraße. Rechts: das Ritterhaus von 1789

IN WANGEN BLEIBT MAN HANGEN ist ein viel zitierter Allgäuer Spruch und die komplett unter Denkmalschutz stehende Altstadt lädt genau dazu ein. Tore, Erker, Giebel, Fachwerk und Brunnen sind kunstvoll, überraschend viele Altstadthäuser zeigen bunte Fassadenmalereien

memmingen

TOR ZUM ALLGÄU

Das Steuerhaus, 1495 erbaut. Oben zählte die Finanzverwaltung die Einnahmen, unten wird heute wie damals gehandelt und konsumiert

Frischware aus den Wäldern des Illerwinkels auf dem Wochenmarkt. Im Hintergrund der Turm von St. Martin

WELTOFFEN und selbstbewusst ist die Stimmung in der einstigen Freien Reichsstadt, und das nicht nur beim Fischertag am Stadtbach, beim Wallensteinfest oder einem der großen Jazzkonzerte. Durch die Verbindung zu Fuggern und Welsern trieb Memmingen schon im 15. und 16. Jahrhundert Überseehandel und auch heute ist die Stadt ein bedeutender Wirtschaftsstandort. Davon aber ist wenig zu spüren, wenn man durch die Altstadt bummelt und immerhin noch zehn von einst 37 Toren und Türmen an den Resten der Stadtmauer entdeckt. An den frühen Wohlstand Memmingens erinnern das reich verzierte Rathaus, das Haus der Großzunft, der barocke Hermansbau (heute Stadtmuseum), die reich ausgestatteten Kirchen und das Siebendächerhaus, wo die Gerber ihre Häute trockneten

Start ins himmlische Vergnügen: Jonas (8) in acht Meter Höhe

Charly Siegl macht den „Fliegenden Fuchs“ und gleitet im Waldseilpark Bolsterlang von Baum zu Baum

Reif fürs Seil

Zwei Allgäuer Abenteurern ist ein unternehmerischer Balanceakt gelungen: Bei ihnen testen Outdoor-Sportler mit Mut und Überwindung ihre Grenzen aus

TEXT UND FOTOS: STEFAN BECKER

1

2

3

4

5

Trend ist, was auf „ing“ endet

Kaum war er aus Amerika zurück im Allgäu, da stellte er die Frage, die sein Leben verändern sollte. Bereits im Flugzeug über dem Atlantik hatte er mit ersten Skizzen begonnen. Und dann sprach er zu Hause seine Mutter an: „Mama, kann ich die Wiese in Bolsterlang haben?“ – „Na, was habt ihr denn diesmal vor?“ Frau Vetter überraschten die sportlichen Eskapaden und der Unternehmungsgeist ihres Sohnes Werner und dessen Freundes Charly Siegl schon längst nicht mehr.

„In den USA bin ich zum ersten Mal in einem Hochseilgarten herumgeklettert und war fasziniert von den vielen Möglichkeiten, die sich dabei boten“, erzählt Werner Vetter. „In einem Hochseilgarten kann sich jeder ausprobieren, und es gibt überhaupt keine festen Regeln, wie die verschiedenen Wege bewältigt werden – das einzige Dogma ist die Sicherung.“

Abenteuersportler brauchen 1 ein wenig Mumm beim Klettern in die Schlucht des Ostertalbachs bei Gunzesried, 2 Improvisationstalent beim Floßbauen auf dem Großen Alpsee, 3 volles Vertrauen in die feste Sicherung durchs Bodenpersonal beim Aufstieg an der Kletterwand des Hochseilgartens Bolsterlang, 4 große Ausdauer als radelnde Packesel und 5 eine Vorliebe für erfrischende Vollbäder in den Allgäuer Seen

Und die könnte ihm durchgebrannt sein, dachten sich einige im Gemeinderat von Bolsterlang, als Vetter dort 1996 seine Idee präsentierte. Aber was sprach gegen eine neue Attraktion hier in den Hörnerdörfern, die ja doch den einen oder anderen Gast interessieren könnte? Genau dafür brauchte Werner Vetter die Wiese in Bolsterlang. Er bekam grünes Licht, bestellte in den USA die passenden Pfähle aus harzendem Lärchenholz, das sich selbst imprägniert, und buddelte auf der Familienwiese 30 passende Löcher.

Die Zeichen sich wandelnder Freizeitinteressen hatten Vetter und Siegl bereits viele Jahre früher erkannt. Charly war es, der 1983 in Neuseeland „etwas ganz Irres“ probierte, was damals in Europa noch kaum jemand kannte: Rafting. Daraus wurde schnell die erste Geschäftsidee des Duos, das heute in Immenstadt im Oberallgäu die Firma „Faszinatour“ betreibt. Die noch studierenden Jungunternehmer besorgten sich von der US-Army ein gebrauchtes Gummiboot und dann machten sie sich auf die Suche nach den weißen Wassern der Alpen.

„Wildwasser-Reviere gibt es ja einige, doch die nutzten traditionell die Kajakfahrer – die Leute machten große Augen, als wir im Schlauchboot durch die Gischt schossen“, erzählt Werner Vetter. In Tirol, wo die eisige Ötz in den ebenso eisigen Inn fließt, wagten die zwei buchstäblich den Sprung ins kalte Wasser, schlugen ihre Zelte auf dem Campingplatz in Haiming auf, verteilten Flugblätter an irritierte Wanderurlauber und amüsierte Einheimische und zählten in der ersten Saison 800 Mutige, die den Ritt durch die Wellen riskierten. „Bald kletterten die Gästezahlen so rasant, dass die Boote an den Stromschnellen fast schon Schlange standen!“

Auf den Stützpunkten Haiming und Pfunds in Tirol bietet Faszinatour alle Trendsportarten an, deren Namen heute zwingend auf „ing“ enden müssen, um ernstgenommen zu werden: Rafting, Canyoning und Mountain-Biking. Jährlich kommen rund 20000 Ausflügler und lassen dafür rund zwei Millionen Euro springen. Damit alle Abenteurer wohlbehalten nach Hause fahren, kümmerten sich Siegl und Vetter von Anfang an um die Ausbildung einer guten Crew, allein 400 Rafting-Guides lernten bei Faszinatour das Gummibootfahren. Passend dazu verwandelte sich Wandern in Trekking oder Hiking, Klettern wurde zu Climbing und alles mündete in der Outdoor-Bewegung, die nach der massenkompatiblen Bespaßung im Freien langsam auf Sinnsuche ging.

Der Bau des Hochseilgartens in Bolsterlang begann 1997, einige Jahre, nachdem Bundeskanzler Helmut Kohl die Republik als „kollektiven Freizeitpark“ tituliert hatte, und die Mannschaft von Faszinatour half nach Kräften mit, das Land weiter in einen solchen zu verwandeln: Die Firma entwickelte sich zum Profi im Pfahlbau und konstruierte in Deutschland mehr als 80 Anlagen auf der grünen Wiese.

Auf der grünen Wiese von Bolsterlang machen sich einige Familienausflügler fertig für den Einstieg in das himmlische Vergnügen, ausgerüstet mit Helm und Klettergurt. Werner Vetter zieht bei jedem die Schlaufen fest, schickt die ungeduldige Meute in die Seile und achtet darauf, dass auch jeder mit seinen zwei Karabinern an zwei fixen Strippen hängt. Denn ohne doppelte Sicherung geht nichts in einer Höhe von acht Metern über dem Boden, selbst wenn die Bretter unter den Füßen genug Sicherheit suggerieren. Sichern sei Pflicht, aus Prinzip, und gehöre zum pädagogischen Konzept, da müsse nicht erst ein Orkan lostoben oder eine Stampede des Allgäuer Braunviehs.

Das Herumspazieren in einem Hochseilgarten ist eine Mischung aus Abenteuer und Gesundheitssport, Sekt und Selters, immer prickelnd, Selbsterfahrung und Naturerlebnis. „Die einstige Spaßgesellschaft hat sich völlig verändert, nach den Adrenalin-Kicks standen zunächst extreme Ausdauerleistungen hoch im Kurs, jeder meinte, er müsse unbedingt einen Marathon rennen, und heute entdecken immer mehr Menschen, dass ihnen viele verschiedene Sportarten in der Natur am meisten

Drum prüfe, wer ans Seil sich bindet

Spaß machen", sagt Charly Siegl, bevor er den „Fliegenden Fuchs" macht: Er springt ins Leere und gleitet am Seil zum nächsten Baum. In sogenannten Abenteuer-Rennen werden die unterschiedlichen Sportarten zu einer Art

Oben angekommen: Werner Vetter (links) lernte Hochseilgärten in Amerika kennen, Charly Siegl das Rafting in Neuseeland. Sie entwickelten daraus eine Geschäftsidee für Deutschland und Europa

alpinem Zehnkampf gegen die Uhr und gegnerische Teams vereint. Die Sportartikel-Industrie liebt diese Wettbewerbe, weil sie so schön bunt und materialintensiv sind, irgendetwas immer kaputt geht, die neuen Naturliebhaber treue Kunden sind und der Jugendwahn keine Rolle spielt.

„Inzwischen haben wir 20 Hochseilgärten für europäische Nachbarn und zwei sogar auf Island konstruiert", sagt Siegl und hangelt sich mit seiner Frau Beatrix davon – Hand an Hand, Auge in Auge, Vertrauen gegen Vertrauen. Jeder Hochseilgarten bietet an die 30 verschiedene Übungen und lässt sich auch überdacht und ganz aus Stahl bauen – dann heißt er Sky Trail, und das Patent darauf liegt bei den Allgäuern. „Die Variante ist schon etwas teurer und kostet zwischen 200 000 und 500 000 Euro, abhängig vom Stahlpreis," sagt Vetter und ruft zum Revierwechsel. Die jüngste Erfindung für die Freizeit-Kletterer sei der Waldseilpark, die Idee stamme aus Frankreich.

Allerdings purzelten bei den Nachbarn anfangs etwas viele Besucher aus den Bäumen, weil es an der Sicherheit haperte, und so tüftelten die patenten Abenteurer aus dem Allgäu so lange, bis sie endlich ein selbstsicherndes System entwickelt hatten: Ist ein Karabiner offen, schließt der zweite für immer. Momentan wird das Modell bis zur Marktreife weiter getestet, natürlich auch in Bolsterlang, im Wäldchen gleich neben dem Hochseilgarten.

MERIAN | TIPP

faszinatour Touristik-Training-Event GmbH
(D 7) Alleestraße 1
87509 Immenstadt
Tel. (083 23) 96 56 0
www.faszinatour.de
Rafting, Canyoning, Hochseilgarten, Erlebnispädagogik und vieles mehr

In 14 Metern über Reh-Höhe sausen die Rollen mit den Touri-Tarzans im Schlepp auf Stahlseilen von Baumstamm zu Baumstamm, und die großen Jungs bekommen leuchtende Augen. Mit dem Bau der verschiedenen Typen und der Beratung der Betreiber erwirtschaftet die Immenstädter Faszinatour jährlich rund weitere zwei Millionen Euro.

In England, Amerika und Frankreich gehören Waldseilpark-Wettbewerbe längst zum Alltag, Tausende von Amateuren amüsieren sich in der Wildnis und Hunderte von Profis kämpfen um ansehnliche Siegprämien.

Nur nicht in Deutschland. Was wohl auf ewig so bleiben würde, wären da nicht die Macher von Faszinatour, die mit ihrem Partner Robert Pollhammer stur die Szene anschieben. Dabei entstand die kleine Rennserie, die den Namen „Adventure-Trophy" trägt und wahrscheinlich auch wieder im Allgäu für einen Tag das Zelt am Alpsee bei Immenstadt aufschlagen wird. In der Zentrale von Faszinatour organisieren 30 feste Mitarbeiter den Abenteuer-Alltag für Firmen, Schulen oder Reisegruppen und bei Bedarf auch weltweit: „Ein Pharma-Konzern lud uns in die USA ein, damit wir aus einer heterogenen Gruppe ein richtiges Team machen – einer für alle und alle für einen", erzählt Vetter.

Dann kann es passieren, dass ein Vorstandsvorsitzender auf den Pamper Pole, den einsamen Pfahl, klettern darf und in zehn Meter Höhe die Hosen ganz schön voll hat, halten die lieben Kollegen doch sein Leben in den Händen, das an einem kunstseidenen Seil hängt. „Der Pfahl schwankt, die Fläche, auf der man steht, wirkt so klein wie ein Bierdeckel und die Füße wollen sich von allein partout nicht bewegen", berichtet Vetter von seinem ersten Erlebnis in der eigentlich gar nicht so Schwindel erregenden Höhe. „Das ist hoch genug, damit sich jeder versuchen kann und mit diesem guten Gefühl unten wieder ankommt: Ich hab's geschafft!" □

Stefan Becker, *in Tirol lebender deutscher Autor, hat in Bolsterlang beim „Fliegenden Fuchs" den Sprung ins Leere erprobt.*

Die doppeltürmige Basilika aus dem 18. Jahrhundert ist nur ein Teil des barocken Gesamtkunstwerks Kloster Ottobeuren. In der Bibliothek (re.) verwaltet Pater Ulrich 15 000 Druckwerke und Handschriften

TEXT: OLIVER FISCHER, FOTOS: CHRISTOPH OTTO

Bei den Brüdern Benedikts

Wofür steht heute ein Kloster? Kirchenkonzern oder Kontemplation? Die Mönche in der fast 1250 Jahre alten Abtei Ottobeuren versuchen, beides zu vereinen – mit gelassenem Gottvertrauen

Zu Gebet und Gesang versammeln sich die Mönche im barocken Chorgestühl der Abteikiche. Die vergoldeten Holzreliefs zeigen Szenen aus dem Alten Testament

Singet dem Herrn ein neues Lied

Geistliche Pflichten: Seelsorge, Schule, Schnapsbrennen

Pater Rupert unterrichtet Religion an der Rupert-Neß-Schule. Realitätsnah, so lautet seine Devise. Er zeigt ein kostbares Reliquienkreuz aus der Abtei

Der Tag beginnt mit Klagen, eine halbe Stunde lang. „Du hast uns verworfen, o Gott, und zerschlagen", singen 15 Mönche unter dem Kreuzrippengewölbe eines kleinen Kapellenraums. „Erschüttert hast du das Land und gespalten." Dann, gegen sechs Uhr, wechselt der Ton. Die erste Gebetszeit des Tages, die Vigil, ist zu Ende, die Laudes, das Morgenlob, fängt an. „Singet dem Herrn ein neues Lied." Es ist ein ganz gewöhnlicher Morgen im Herbst, doch die Mönche beten, als wäre es der erste Morgen, der über Ottobeuren leuchtet oder vielleicht auch der letzte. „Der Himmel freue sich, die Erde frohlocke, jubeln sollen alle Bäume des Waldes."

Frater Franziskus war, wie meist, schon eine Stunde vor den anderen in der Kapelle. Kurz nach Beginn der Laudes ist er hinausgegangen, um zwei alten Mitbrüdern beim Aufstehen zu helfen und war pünktlich um halb sieben zum nächsten Gottesdienst wieder da. Jetzt steht er im Bienenhaus, das im Garten der Abtei vor der rund 120 Meter langen Südfassade liegt.

Es ist ein frostiger Tag. Sein Atem dampft, als er aus einem Holzkasten nacheinander einige Waben herauszieht. „Die Königin muss ausgetauscht werden", sagt er, „Die alte ist nicht gut, die Legeleistung stimmt nicht." Die Bienen, zur Zeit in Winterruhe, krabbeln wie träge Käfer in den Waben. Nur vier oder fünf fliegen auf und setzen sich auf die Ärmel seiner Kutte.

Franziskus ist 39, ein schlanker Mann mit einem Henriquatre-Bart. Bevor er Mönch wurde, arbeitete er als Zeitsoldat und Bankkaufmann. Anders als viele seiner Mitbrüder hatte er ein konkretes Berufungserlebnis: Bei einem Einkehrtag vor 14 Jahren spürte er für Momente intensiv Gottes Gegenwart – eine Erfahrung, die man kaum beschreiben und am ehesten mit Verliebtheit vergleichen könne. Danach dauerte es lange, bis er verstand, was

Frater Franziskus liebt seine Arbeit als Imker. Bienen und Mönche seien fleißig in Bewegung und tätig fürs Gemeinwohl

Frater Bonifatius destilliert einen Schnaps aus der Kalmuswurzel. Die Wirkung ist beruhigend und das Gebräu im Klosterladen erhältlich

Gott genau mit ihm vorhatte, erst zehn Jahre später trat er in das Kloster Ottobeuren ein.

Kurz vorher hatte der alte Imker einen Schlaganfall bekommen und so übernahm Franziskus gleich am Anfang das Bienenhaus. Auch wenn er in ein paar Jahren vielleicht zum Priester geweiht wird (und dann den Titel Pater trägt), würde er diese Arbeit gern weitermachen. Ihm gefällt, dass er dafür das Kloster nicht verlassen muss – anders etwa als die Mitbrüder, die in den Pfarreien oder an der örtlichen Schule arbeiten. Schon der heilige Benedikt hatte im 6. Jahrhundert in seiner Ordensregel angeordnet, dass Mönche so wenig wie möglich „draußen herumlaufen" sollen, weil das „ihren Seelen durchaus nicht zuträglich ist". Franziskus fragt sich deshalb jedes Mal, bevor er rausgeht, ob es wirklich sein muss. Einmal die Woche zur körperlichen Ertüchtigung mit dem Fahrrad fahren? Das schon. Einmal im Monat nach Memmingen ins Kino? Auf keinen Fall. „Ich merke, wie mir durch diese Art zu leben eine größere Ruhe und Tiefe zukommt."

Franziskus weiß, dass nicht alle der 24 Ottobeurener Benediktiner die Regel so genau nehmen wie er, dass nicht alle so treu zu den täglich fünf Gottesdiensten kommen. Bei manchen verschwinde das Ideal im Laufe der Zeit leider etwas. „Aber das ist ein Punkt, an dem wir sehr wachsam sein sollten. Wir müssen aufpassen, dass das Ideal immer den ersten Platz in unserem Kopf behält."

Die Realität sitzt gut 130 Meter weiter im Nordtrakt der Abtei, raucht und telefoniert. „Sie wollen zu uns kommen? ... Ja, die Zimmer haben Nasszelle ... natürlich, wir sind immer da ... seit 1200 Jahren." Pater Magnus lacht, etwas zu heftig, Zigarettenasche fällt auf sein Gewand. Er ist der Gastpater der Abtei, ein gut gelaunter Mann von 41 Jahren, der gern Priesterwitze erzählt und schon lange vor der Pointe vor Vergnügen rot anläuft.

Zuständig ist er für die fast 30 Gästezimmer, in denen Gruppen und Alleinreisende ein paar stille Tage verbringen können. Magnus muss viel organisieren, Terminanfragen per Mail oder Telefon beantworten – und leistet dabei oft auch Seelsorge. Gestern erst hat er bis elf Uhr nachts mit einer Frau geredet, die in ihrer Firma gemobbt wird und sich von den Tagen im Kloster etwas Klarheit erhofft.

Magnus war heute Morgen um halb sechs nicht beim Gebet, wie an den meisten Tagen. Er könnte es sich leicht machen und sagen, er schaffe es nicht wegen der vielen Arbeit. Aber das ist es nicht. Magnus hat irgendwann festgestellt: Er kann es nicht, er ist kein Morgenmensch, halb sechs ist einfach nicht seine Zeit. Er weiß, dass er damit viele Mitbrüder und den Abt verärgert. Und, natürlich, der heilige Benedikt schreibt in seiner Regel: „Dem Gottesdienst soll nichts vorgezogen werden." Auch nicht der

Schlaf. Aber Magnus würde sich nur quälen. Und will Gott wirklich ein erzwungenes Gebet?

Wenn man ein paar Tage im Kloster unterwegs ist, wird klar, dass die Mönche nicht nur bei Aufstehzeiten sehr unterschiedliche Vorstellungen haben. Es geht um Grundsätzliches: Was ist der Sinn des Benediktinerlebens im 21. Jahrhundert? Wofür sind Mönche da? Sollen sie – wie in Ottobeuren seit langem üblich – eine Art religiösen Mischkonzern betreiben, mit ein bisschen Seelsorge, ein bisschen Schule, ein bisschen Kulturprogramm? Oder müssten sie sich nicht, wie manche meinen, viel stärker auf die Kontemplation konzentrieren, also auf Gottesdienst und Gebet? „Wenn wir rausgehen, in die Pfarreien und in die Schule zum Unterrichten, dann verzehren wir uns nur", sagt Frater Odo, Novize und mit 26 Jahren der Jüngste im Konvent. „Wir sollten es umgekehrt machen. Wir müssen spirituell etwas ausstrahlen, so dass die Menschen zu uns kommen. Das Kloster muss zu einer Festung" – er korrigiert sich – „zu einer Oase des geistlichen Lebens werden."

Entscheiden könnte diese Grundsatzfrage der Abt. Doch Paulus Weigele, der 66. in der langen Reihe der Ottobeurener Äbte seit dem frühen Mittelalter und ein pragmatischer Typ, nimmt den Konflikt eher leicht: „Wer kontemplativ leben will, kann das doch jetzt schon tun, wenn er nicht gerade Pfarrer ist." Und ansonsten gelte: „Nicht jeden Morgen Theater machen beim Aufstehen."

Zwei Stunden später. Pater Magnus schreibt noch eine Mail, steckt sich noch eine Zigarette an. Die jungen Leute, sagt er, die heute ins Kloster eintreten, kämen oft mit sehr hohen Idealen. Er frage sich manchmal, was übrig bleibt, wenn diese Ideale eines Tages zusammenbrechen. Ob dann überhaupt etwas übrig bleibt? Er ist vielleicht nur ein 80-prozentiger Mönch, aber das schon seit fast 20 Jahren.

Kurz darauf verlässt er sein Büro, läuft eine Treppe hinunter, vorbei an dem Pförtnerzimmer, in dem der Honig aus dem Bienenhaus verkauft wird, und biegt nach rechts in einen dieser über 100 Meter langen Klostergänge ein. Dann steht er vor einer Tür, klopft an und tritt in einen schmalen, langgezogenen Raum: die Schneiderei des Klosters. Ein Bügeleisen zischelt, Radio Bayern 1 spielt „Heal The World", und vor der Nähmaschine am Fenster sitzt Helga Merk. „Den ganzen Tag habe ich gestern bei Ihnen angerufen", sagt sie mit gespieltem Vorwurf in der Stimme, steht auf und nimmt von einem Bügel ein schwarzes Ordensgewand. 40 Stunden hat sie daran gearbeitet, jetzt ist Pater Magnus' neuer Habit – wie das Gewand korrekt heißt – fertig.

Magnus zieht den alten Habit aus. Einen Moment steht er in Stoffhose und weißem Hemd da, streift dann den neuen über und schaut in den Spiegel, der – man ist ja nicht in einem Haute-Couture-Salon hier – kaum größer ist als ein DIN-A-3-Blatt und halb von einem Schrank verdeckt wird. Magnus zupft sich die Kapuze zurecht. „Wie ist es von der Weite oben rum?", fragt Helga Merk. Doch, doch, passt alles wunderbar.

Seit zwölf Jahren arbeitet Frau Merk in der Abtei, unterstützt von einer

Das Meisterwerk bayerischer Barockbaukunst (1737-66) liegt über dem Günztal auf einem lang gestreckten Hügel

Mächtige Gottesburg: Festung und Oase

Kollegin. Oft klopfen die Mönche bei ihr an und bringen Wäsche zum Ausbessern. Ein alter Frater schaut fast jeden Tag zum Plaudern vorbei. „Er braucht Ansprache, das ist auch ein Stück Betreuung."

Andere lassen sich beraten, bevor sie eine Reise machen. 24 Tage Urlaub hat jeder Mönch im Jahr, aber oft nicht das Richtige zum Anziehen. Die schwarze Hose, die man sonst unterm Habit trägt, für eine Reise nach Afrika? Viel zu warm. Sie geht dann in den Nebenraum und sucht aus den großen Wäscheschränken helle Kleidung zusammen.

Die Kloster-Schneiderei ist auch der Ort, an dem die Novizen zum ersten Mal das Ordensgewand anziehen. Mittlerweile kennt Helga Merk diesen Gesichtsausdruck, wenn die jungen Männer vor ihr stehen und an sich herunterschauen – „wie eine Braut, die ihr Hochzeitskleid anprobiert".

MERIAN | TIPP

Benediktinerabtei
Museum: Palmsonntag bis Allerheiligen tgl. 10-12 u. 14-17 Uhr, sonst eingeschränkte Öffnungszeiten
Basilika: tgl. 9 Uhr bis Sonnenuntergang, eingeschränkt Do 13-15 Uhr, Tel. (083 32) 79 80
www.abtei-ottobeuren.de

Bei Frau Merk beginnt das Mönchsleben und bei ihr endet es auch: Begraben werden die Benediktiner in den Habiten, die sie geschneidert hat, anschließend muss sie die restliche Kleidung sortieren: Hemden, Socken, Winterjacken. Manches kann noch von anderen Mönchen getragen werden, aber vieles wirft sie weg. „Das tut weh", sagt sie.

Es ist kurz vor zwölf. Pater Magnus muss zum Mittagsgebet, danach Essen mit den Mitbrüdern im Refektorium; anschließend arbeitet er weiter bis zum Abend im Büro. Frater Franziskus führt später am Tag zwei Schulklassen durchs Haus. Klosterführungen gehören mit zu seinen Aufgaben. Den gut 40 Kindern erklärt er, was das Wichtigste ist im Mönchsleben: Gebet und Stille. „Nur wer schweigt, kann Gottes Stimme hören."

Doch die Kinder haben keine Lust auf Stille. Rempelnd und tuschelnd lassen sie sich durch die Abtei bugsieren. „Voll eklig, der blutet ja", ruft einer vor einem Bild mit der Geißelung Christi. Im Bienenhaus ist es „voll langweilig, denn die Bienen sind in so 'nem Kasten". In der Basilika wird sich laut gegruselt vor den brokatüberzogenen Heiligen-Skeletten, die in Glasschreinen liegen. Die Lehrerinnen fangen an, einzelne Gruppen hinauszuführen.

Noch etwa zehn Kinder stehen vor den Altarstufen, draußen wird es schon dunkel, als Franziskus in die Runde fragt: „Weiß einer von Euch, warum die Leute diese Kirche so prächtig gebaut haben?"

Und da steigt, nach all dem Geschiebe und Geschubse und Geschrei ein Satz auf wie ein Wunder, gesprochen von einem Mädchen: „Die Leute wollten Gott zeigen, dass er etwas ganz Besonderes ist." □

Oliver Fischer, *in Hamburg lebender Autor, studierte katholische Theologie.* **Christoph Otto,** *Fotograf aus Berlin, war den Mönchen dankbar, dass sie ihn am Klosterleben teilnehmen ließen.*

Abt Paulus Weigele empfängt in der prächtigen „Bischofseinfahrt". Und er tut das sehr gern mit offenen Armen

Bernhard Vögel mit der Prachtkuh Babette. Für sie sind die Alpwiesen mit dem frischen Gras und den würzigen Kräutern ein Schlemmerparadies

Jedes Frühjahr zieht Familie Vögel mit dreißig Rindviechern 1500 Meter hoch auf die Sennalpe Spicherhalde und bleibt hundert Tage dort oben. Ihre Kühe geben die Milch für täglich zwei Laibe besten Alpbergkäse

Ein Sommer mit Babette

TEXT: BIRGIT HEILAND-FALZ, FOTOS: GÜNTER STANDL

Jungbäuerin Isabella schöpft den Rahm von der Abendmilch ab. Für ihre Schwiegermutter Maria Vögel ist jeder Arbeitsgang jahrzehntelange Routine

Kühe, sagt Fridolin Vögel und drückt Babette mit seinen Händen energisch zur Seite, um an ihren Euter zu gelangen, Kühe kommen mit Hörnern auf die Welt. Die Natur hat das so vorgesehen. Wenn wir Menschen ihnen diese nehmen, sagt Fridolin, greifen wir ein in die Natur. Und das kann nichts Gutes bedeuten, ist sich der Senner sicher – für die Kühe und ihre Milch.

So tragen auch alle seine dreißig Allgäuer Braunvieh-Damen auf der Alpe Spicherhalde oberhalb von Balderschwang Hörner. Schöne Hörner, deren Wuchsrichtung der Bauer bei den jungen Tieren mit einem verbindenden Draht für ein bis zwei Monate sanft zu steuern versucht, wie Kieferorthopäden es mit einer Zahnspange tun.

Was der antike Philosoph Aristoteles mit dem Satz „Die Natur tut nichts umsonst" kundtat und was für Fridolin Vögel, den Senner von der Alpe, ganz einfach nur logisch erscheint, erforscht auch Ton Baars, Professor am Fachgebiet Biologisch Dynamische Landwirtschaft der Universität Kassel/Witzenhausen. Seine Untersuchungen deuten darauf hin, dass die Milch und damit auch der Käse horntragender Kühe für Allergiker besser geeignet ist.

Fridolin Vögel, 67, hat noch nie anders als im Einklang mit der Natur gelebt, und das recht archaisch. Jedes Jahr zieht er für hundert Tage mit seiner Frau Maria, 68, seinem Sohn Bernhard, 35, Schwiegertochter Isabella, 26, und den Enkeln Felix, 3, und seit 2008 auch mit Julian, 8 Monate, hinauf auf 1481 Meter Höhe hoch über das Tal auf sein Gehöft – Ende Mai, wenn es nachts keinen Bodenfrost mehr gibt und das Gras dort oben zu sprießen beginnt. Vom heimischen Hof im österreichischen Krumbach im Bregenzerwald gehen sie los, die Menschen und die Viecher. Nach 17 Kilometern Fußmarsch biegt der Tross in Balderschwang links

Blick von 1600 Metern Höhe auf die Sennalpe vor den Oberstdorfer Bergen

ab von der Hauptstraße auf die letzte, steile Etappe nach oben. 500 Meter stramm hinauf, vorbei an dem Bauernhof „Bim schwarza Stürar", an den Alpen Oberer Socher und Oberbalderschwang, über die Schotterpiste, bis rechts ein kleiner Weiher auftaucht – und dann liegt es da, das weiße Gebäude mit seinen Wohnräumen, Ställen und der dunklen Holzverschalung im ersten Stock, das Haus Nr. 36½. Die Sennalpe Spicherhalde, was so viel bedeutet wie Speicherhöhe, wurde im 16. Jahrhundert von einem der Grafen von Königsegg-Rothenfels angelegt. Seit mehr als vier Jahrzehnten haben die Vögels die 98 Hektar Weiden gepachtet und bewirtschaften sie.

Das Tagewerk beginnt schon am Vorabend. Wenn das Braunvieh vor dem Dunkelwerden in den Stall getrieben, die Melkmaschinen angestöpselt werden und die warme Milch anschließend Eimer für Eimer in die Sennküche getragen und dort auf flache Bottiche verteilt wird. In diesen Gebsen aus Holz, auch „Stotzen" genannt, bleibt die Milch bis zum nächsten Morgen. Doch warum Holz und kein blanker, hygienischer Edelstahl? Fridolin Vögel lächelt nachsichtig und lüftet das Geheimnis: Kein Käse ohne Bakterienkultur. Lactococcus lactis, Streptococcus thermophilus, Lactobacillus helveticus, Lactobacterium casei sind stets mit von der Partie. Im offenporigen Holz der Gebsen bilde sich über Jahre eine Art natürliche Patina aus verschiedenen Bakterienstämmen. Genau jene, die dem Käse seinen einzigartigen Geschmack verleihen und die Milch über Nacht zum Reifen bringen. Ganz natürlich, ohne fremde Zusätze und genau so weit, dass sich der fette Rahm absetzt. Ein Verfahren, das in den Allgäuer Alpen seit Jahrhunderten von Generation zu Generation weitergegeben wird. Doch in den wenigsten Milchbetrieben kommen heute noch Gebsen zum Einsatz – mit dem Streben nach Gewinnmaximierung setzten sich andere Produkti-

Fridolin Vögel drückt den in ein Hanftuch geschöpften Bruch in den Käsereifen. Immer wieder wird die Masse gedreht

Glocken für besondere Gelegenheiten: Bei Auftrieb und Almscheid werden die Kühe festlich herausgeputzt

Wer anklopft, wird gern bewirtet. Doch ein Berggasthaus ist die Spicherhalde nicht

onsprozesse durch. Mehr Milch, mehr Käse, mehr Geld. Weniger Tradition, weniger Natur, weniger Geschmack.

Bei den Vögels indes ist noch vieles Handarbeit. Isabella schöpft am frühen Morgen die Sahne von den Gebsen in Eimer, gießt die fettreduzierte Flüssigkeit in den 550-Liter-Kupferkessel, um dann sofort die fette Morgenmilch zu holen. Direkt aus der großen Küche geht's vorbei an den Schweinen hinüber zu den Kühen. Latschen aus, Gummistiefel an, Stalltür auf und sofort wieder zu. Peinlich genau halten sich alle an diese Prozedur, und trotzdem landet mal die eine oder andere Fliege in der Sennküche. „Gäbe es hier keine Fliegen, dann wäre Chemie im Spiel", sagt Senner Fridolin. Und was da besser ist, sei doch klar.

Maria hat inzwischen Holzscheite im Ofen unter dem Kupferkessel gestapelt und ein Feuer entzündet. Auf 32 Grad soll sich die Milch erhitzen. Damit am Ende auch wirklich guter Alpbergkäse entsteht, gibt Fridolin eine Prise Lab hinzu, jenes Enzymgemisch, das die Gerinnungsprozesse in der Milch in Gange setzt. Im Gegensatz zu den meisten Großmolkereien käsen die Vögels mit reinem Naturlab, gewonnen aus den Mägen von Kälbern. Das Lab mischt Vögel noch mit Milchsäurekulturen.

„Käsekenner schmecken später in der Tat heraus", sagt Affineur Thomas Breckle aus Kempten, „ob synthetischer Lab-Ersatz oder Kälberlab eingesetzt wird." Der Käseverfeinerer kauft regelmäßig Käse auf der Spicherhalde ein und schwört auf die Qualität der Laibe.

Ein Bergkäse der Königsklasse verträgt keine Chemie

Es herrscht geschäftiges Treiben in der Sennküche. Maria spült Eimer und Schläuche mit heißem Wasser, bevor die Milch gerinnt. Der Raum ist voll mit Dampf, ihre Finger sind rot, doch Handschuhe mag sie nicht. Gegenüber nimmt ihr Mann den 20-Kilo-Käselaib vom Vortag aus der Presse, schneidet die Rinde zurecht, lässt den Käse abdampfen („Heute Nacht war's verdammt nass-kalt"), trägt ihn in den Erdkeller, wo die Rindenbildung die kommenden drei Tage in einer Lake aus Speisesalz und Wasser vorangetrieben wird. Im Stall nebenan melkt Isabella noch schnell Meggie, die Ziege, die es vor fünf Jahren als Geschenk zur Hochzeit mit Bernhard gab. Der mistet inzwischen den Stall aus. Sie alle reden nicht viel bei der Arbeit am Morgen. Jeder weiß, was er zu tun hat.

Seit 4.30 Uhr sind die vier auf den Beinen. Die Milch im Kessel muss eine halbe Stunde ruhen, und jetzt endlich, knapp drei Stunden später, gibt es Frühstück am großen Holztisch mit Eckbank in der Stube: von Hand aufgebrühten Kaffee aus der weißen Porzellankanne, Käse und Butter aus eigener Herstellung und Stopfer, einen sättigenden Brei aus Weizengrieß. Eine Tradition aus der Zeit, als jedes Pfund Mehl fürs Brot aus dem Tal nach oben geschafft werden musste. Nur sonntags, da genießen alle die Brötchen aus der kleinen Gefriertruhe – eine Errungenschaft, die mit den Stromleitungen vor fünf Jahren auf den Berg kam.

Doch gekäst wird weiter wie früher. Mit den Fingern prüft Fridolin, ob die gallertartige Masse im Kessel schnittfest ist. Er nickt und greift zur Käseharfe, einer überdimensionierten Gabel mit feinen Zinken. Mit geübten Schwüngen zerkleinert er die Gallerte in kleine Bruchkörner – erbsengroß. Je kleiner die Bruchkörner, umso mehr Molke kann ablaufen, der Käse wird fester, die Reifung dauert länger.

Weichkäse hat eine Reifezeit von ein bis zwei Wochen, Original-Parmesan von mindestens zwei Jahren. Die 88 Käsebetriebe im Allgäu stellen unter anderem Allgäuer Emmentaler, verschiedene Rotschmierkäse wie Romadur, Tilsiter, Goßholzer, den scharfen Weißlacker, aber auch Ziegenweichkäse her.

Die Vögels produzieren nur eine einzige Sorte, den Allgäuer Sennalp-Bergkäse. Das ist die Königsklasse des

Löwenzahn macht sie gelb: gute Butter von glücklichen Kühen. Gut 22 Liter werden für ein Kilogramm benötigt

Gemeinsames Frühstück vor dem Herrgottswinkel. Der „Stopfer", ein Brei aus Weizengrieß, gehört traditionell dazu

Allgäuer Bergkäses – eine von der EU geschützte Ursprungsbezeichnung. Wer seine Laibe so nennen möchte, muss dann auch Kontrolleure in seine Sennküche lassen. Die Weiden, so eine der Vorgaben, sollten zwischen 900 und 1800 Meter hoch liegen, die Milchkühe dürfen kein Silofutter bekommen, nur im Herbst, wenn das Gras langsamer wächst, ist zusätzlich Heu erlaubt. Ansonsten gilt: nur frisches Gras von den Alpwiesen, Blumen und Kräuter eingeschlossen. Frauenmantel und Spitzwegerich, Löwenzahn, Rot- und Weißklee gedeihen hier oben bestens, geben dem Käse seinen würzigen Geschmack. Krausen Ampfer und das ebenfalls giftige Alpenkreuzkraut lassen die Viecher einfach stehen.

Ist das Bruchschneiden beendet, wird die Masse im Kessel auf 51 Grad erhitzt und dabei ständig gerührt, früher von Hand, heute von einer Maschine. Doch den Test, ob die richtige Konsistenz zum Käsemachen erreicht ist, den würde Fridolin Vögel niemals der Technik überlassen. Nach anderthalb Stunden nimmt er eine Handvoll Bruch aus dem Kessel, drückt ihn, bröselig soll er sein und sich trotzdem weich verreiben lassen. Geschickt schöpft Fridolin jetzt genau die richtige Menge Bruch in ein grob gewebtes Käsetuch aus Hanf, wickelt alles ein, gibt Isabella ein Zeichen. Über einen Flaschenzug hebt die junge Frau die Masse aus dem Kessel, lässt noch Molke ablaufen und bugsiert das Paket über ein Schienensystem quer durch den Raum zur hellen Arbeitsplatte. Dort drückt und schiebt der Senner den Bruch in einen Tortenring, streicht ihn glatt, legt einen Holzdeckel darauf und spannt das Ganze in die Käsepresse. 24 Stunden bleibt die Masse in diesem Ring, wird immer wieder gedreht und in frische Tücher geschlagen. Bis der Laib dann eine Etage tiefer in den Erdkeller und in die Salzlake wandert. Auf langen Holzregalen und bei 12 Grad reift der Käse dann, mindestens drei Monate. Alle zwei Tage dreht und streicht und wischt und reibt der Senner jeden Laib mit Tüchern und Bürsten von Hand. Die intensive Pflege lässt eine Schmiere entstehen, die vor Schimmel schützt.

Drei Generationen unter einem Dach: Sie arbeiten zusammen, sie wohnen zusammen. Viel Abwechslung gibt es nicht, Ausflüge ins Tal sind selten. Der Kirchgang am Sonntag, der wöchentliche Einkauf im Supermarkt und zweimal in der Sennsaison zum Tanzfest runter ins Tal. Hundert Tage im Jahr teilen sich die sechs Vögels den Arbeitsplatz, die Küche, Toilette und Dusche, die Wohnstube und den Kachelofen, auf dem die Stoffwindeln des Jüngsten trocknen.

Maria Vögel liebt dieses Leben: „Ich sehe meine Enkel aufwachsen – wer hat das schon." Bevor die Sennerin weiterspricht, steht sie auf und nimmt den quengeligen Julian aus seinem Bettchen, schaukelt ihn sanft hin und her. Und doch, wenn Maria ehrlich ist, freut sie sich im September auf die Heimkehr nach Krumbach auf den großen Hof, wo jede Familie ihre eigene Wohnung hat. „Eigentlich sind wir ja schon Rentner …" □

MERIAN | INFO

Käse aus dem Allgäu

Aus 88 Allgäuer Betrieben kommen 14% des in Deutschland hergestellten Käses, bei Hartkäse sind es 38%.
Die Initiative Allgäuer Sennalpen informiert über die Sennalpen, Sennalpwege, Wander- und Mountainbike-Touren, Kulinarisches und Historisches:
www.sennalpen.de
700 Alpen werden auf den Allgäuer Hochweiden bewirtschaftet, auf gut 600 „Galtalpen" wird Jungvieh gezüchtet. Auf 46 Alpen stellen Senner aus der Milch ihrer etwa 2 500 Kühe rund 200 Tonnen Allgäuer Sennalp-Bergkäse her, hochwertigen Rohmilchkäse. Im Westallgäu informiert der **Verein Westallgäuer Käsestraße** über 13 „Heumilchsennereien", die auf verschiedenen Routen besucht werden können. Tel. (083 84) 13 73
www.westallgaeuer-kaesestrasse.de

Birgit Heiland-Falz, *Hamburger Journalistin, möchte nur noch Käse von Babette und ihren Freundinnen genießen.*
Günter Standl, *Fotograf, gefiel das Leben auf der Alp mit dem Rhythmus der Arbeit, mit der Natur und den Tieren.*

ideas for life
WER BRAUCHT
EIN PROFI-FILMTEAM?
Um packende Aufnahmen in verblüffender HD-Qualität einzufangen, braucht man nicht mehr als die neue SD300 von Panasonic mit ihrem hochwertigen 3MOS Sensor und den vielfältigen manuellen Einstellmöglichkeiten. Kreative Ideen brauchen das richtige Werkzeug.
JEDES DETAIL ZÄHLT.
FULL HD
1920X1080
optional
www.panasonic.eu

Da hätte Pfarrer Kneipp gestaunt: Die Bad Wörishofener Südsee-Therme macht das Bad im Heilwasser zum luxuriösen Freizeitspaß

,Wasser

Der Kneipp'sche Klassiker: Barfußtreten auf der morgenfeuchten Wiese

ist nicht nur zum Waschen da

Sebastian Kneipp wurde noch zu Lebzeiten zu einer Legende. Heilen mit Wasser und Kräutern, das ist heute aktueller als damals

TEXT: PETER MAYER, FOTOS: GERALD HÄNEL

Ein nasskaltes Tuch fährt über Bauch, Rücken und Arme, ein leichter Duft nach Essig liegt in der Luft. Es ist fünf Uhr morgens, Zeit für die Oberkörperwaschung in Bad Wörishofen. Die erste Kneipp'sche Anwendung für einen, der als Warmduscher herkam, im Kopf ein paar Klischees vom Kauz in der Kutte namens Sebastian Kneipp, von Menschen in hochgekrempelten Hosen, die wie Störche durch kaltes Wasser staksen, vom Kurorchester, das Walzer von Strauss junior spielt. All das kann man hier finden, aber es ist eingebettet in eine moderne Wellness-Welt, die mit über 100 Jahre alten Methoden für Wohlbefinden sorgt.

Waschung kalt, Knieguss warm und kalt im Wechsel, Wickel an der Wade oder Lende, Halb- oder Dreiviertelbad – Hydrotherapie in allen Variationen gibt es im Kneippianum. Den Bau, der auf einer Anhöhe über der Innenstadt liegt, hat Sebastian Kneipp noch 1896, ein Jahr vor seinem Tod, gegründet. Mittlerweile ist es ein Vier-Sterne-Haus unter der sehr weltläufigen Regie der Barmherzigen Brüder, das zum „KneippSpa" umgestaltet wurde: helles Holz und warmes Milchglas statt kalter Kacheln. Im Schwimmbad Farbenspiele und im Lift ein Licht, das dem Teint eine sanfte Tönung gibt.

„Bad Wörishofen lebt vom Wasser", sagt der Kurdirektor Alexander von Hohenegg. Kneipp hat die Wasserkraft für die Heilkunst entdeckt und ein weltweites Imperium fürs gesunde Leben geschaffen. Zeitweise war er, schrieb einst die *Washington Post*, fast so berühmt wie der amerikanische Präsident und Bismarck. Hauptstadt der Wasserkur ist bis heute Bad Wörishofen mit 850 000 Übernachtungen im Jahr. Es waren schon einmal mehr, aber seit einigen Jahren ist es für die Gäste schwer geworden, von den Krankenkassen eine Kur zu erkämpfen.

Der Kurdirektor arbeitet jetzt daran, dass Kneipp zum Kult wird. Er wirbt um die Erholung suchenden Wellness-Liebhaber, die hier die Heilkraft des Wassers entdecken sollen. Dass es die tatsächlich gibt, leugnet heute kein Mediziner mehr: Vor allem der Kältereiz des Wassers wirkt, die Gefäße ziehen sich zusammen. Kehrt die Wärme zurück, weiten sie sich wieder – die Durchblutung wird besser. Wechselduscher werden seltener von Erkältungen heimgesucht, der Körper verteidigt sich besser gegen Bakterien oder Viren.

Vor 150 Jahren brachte Kneipp sein Eintreten für kalte Güsse eine Strafversetzung ein. Wo immer der junge Kaplan als Seelsorger wirkte, gab er Kranken Ratschläge zur Heilung mit Wasser. Ein Apotheker zeigte ihn deshalb an, der Bischof verwarnte ihn und schickte ihn 1855 schließlich zu den Dominikanerinnen im Kloster von Wörishofen. Er sollte ihnen die Beichte abnehmen und ihre vernachlässigte Landwirtschaft wieder zu Ertrag brin-

Erst warm, dann kalt: Abhärten für den Alltag

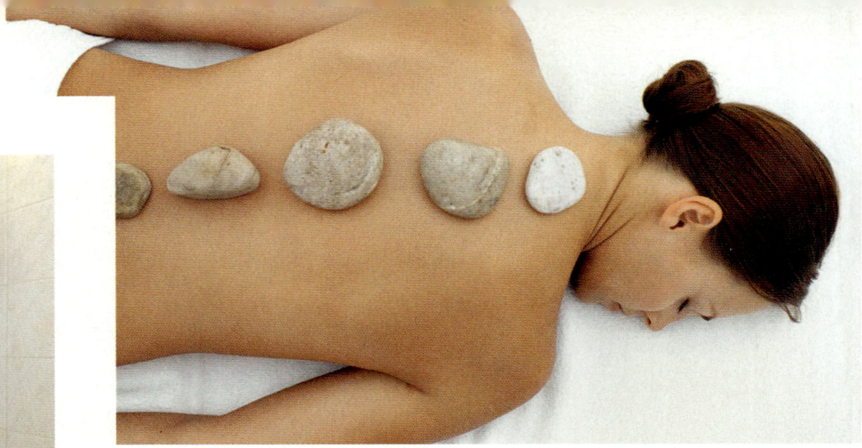

Hitze auf der Haut: Die Hot-Stone-Massage flankiert Kneipps Lehre

gen. Dort legte der damals 34-Jährige erst richtig los. Wasser war Kneipps Elixier. In Wörishofen begoss er die Menschen, die um Hilfe baten, mit Schöpfkelle, Eimer und Gießkanne, ließ sie durch den Bach waten oder durch taufrisches Gras stapfen. Bigotte Neider empörten sich über die gerafften Röcke und schimpften scheinheilig über das „sündige Dorf", die Wiesenbesitzer forderten Schadensersatz für ihr zertrampeltes Gras. Andere im Dorf waren gewitzt, bauten ihre Ställe aus für die angereisten Patienten, manche gleich eine Pension.

Kneipp muss ein begnadeter Diagnostiker gewesen sein, der genau zuhörte, wenn die Menschen über ihre Beschwerden klagten; der ihnen in die Augen schaute und auf die Durchblutung der Ohren achtete. Berührt hat er die Kranken nie, das verbot ihm sein gottgefälliges Amt. Aber er wusste für jedes Zipperlein ein Mittel. Die Armen hat er um Gotteslohn beraten, und doch kam mächtig Geld in seine Kasse, auch durch Honorare für seine Bücher. Die Schrift über die „Wasserkur" wurde bis heute millionenfach gedruckt, bereits 1896 war die 60. Auflage erschienen.

Kneipp konnte grob sein, „drei Güsse aufs Maul" verordnete Kneipp einer Frau, die in der Schilderung ihres Leids kein Ende fand. Doch „trotz meines vielfach sehr schroffen Benehmens", so schrieb er einmal, kämen die Menschen in Scharen zu ihm. Bis zu 300 Leidende soll er an manchen Tagen beraten haben. Kneipp brauchte bald Helfer. Seine Nichten Rosina und Theresia hatte er „abgerichtet" zum Begießen, so seine Notiz. 1890 gründeten Freunde den Kneipp-Verein Wörishofen, heute hat der Kneipp-Bund 160 000 Mitglieder deutschlandweit.

Doch schon in Kneipps Buch über die „Wasserkur" ist längst nicht nur von Wasser die Rede. Von Agave bis Zinnkraut beschreibt er die segensreiche Wirkung heilender Pflanzen. „Fast sämmtliche meiner Thee und Extrakte, Oele, Pulver rühren von früher geachteten, jetzt vielfach verachteten, spottbilligen Heilkräutern her". Eine ausführliche Würdigung bekommt zum Beispiel der „Wühlhuber", ein Tee, der in Magen und Darm ausmistet.

Schrecksekunden mit kaltem Wasser und Heilkräuter, das sind nur zwei der fünf „Säulen", auf die Kneipp seine Lehre gestellt hat. Er rief außerdem die Menschen auf, sich zu bewegen, einfach und nicht zu viel zu essen sowie seelisch ausgeglichen zu sein. Das ist alles andere als altmodisch.

In Bad Wörishofen werden Gäste nach allen Kneipp'schen Regeln verwöhnt, durchwalkt und begossen. Sie ziehen ihre Bahnen durch das Heilwasser des gigantischen Thermalbads und brauchen für einen Drink danach nicht mal aus dem Becken zu steigen, denn Cocktails serviert die Bar im Pool. Die Chancen stehen nicht schlecht, dass der Kurdirektor schon bald am Ziel ist: Kneipp wird Kult. □

MERIAN | TIPP

Wasser für alle

(F 3) **Bad Wörishofen**

Kneippianum Führendes Naturheilzentrum Deutschlands. Mit 2 000 m² großem Spa und Gästezimmern. Alfred-Baumgarten-Straße 6
Tel. (082 47) 351-0

Sebastianeum Kneipps fünf Elemente: Wasser, Kräuter, Bewegung, Ernährung, Balance von Körper, Geist und Seele. Kneippstraße 8, Tel. (082 47) 355-0

Therme Bad Wörishofen 5 000 m² Südsee unter echten Palmen. Das Wasser enthält Fluorid, Schwefel, Jodid, Selen, Sole. Ab 16 Jahre. Mo-Fr 10-22
So 9-22, Sa Familientag 9-18 Uhr
2 Std. 12 €, Tageskarte 21 €

Dr. Peter Mayer, *Hamburger Autor, kam nach fünf Tagen in Bad Wörishofen äußerst entspannt wieder zu Hause an.*

Kalter Guss *als kleiner Luxus*

FREIE FAHRT
FREIER EINTRITT
BERGBAHNEN INKLUSIVE

Kilian Lipp in seinem Atelier auf dem Gailenberg. Er malt Bilder „zwischen Naturerlebnis und Abstraktion“. Rechts: Farbreste, Pinsel und altes Material – ein Kunststück für sich

künstler macher und museen

Für große Kunst ist das Allgäu zu klein. Die vielen Museen und Galerien müssen sich daher landesweit profilieren. Das gelingt mit Malern wie Kilian Lipp und Friedrich Hechelmann

TEXT: GISELA HUETTINGER, FOTOS: GERALD HÄNEL

holz und farbe bei kilian lipp

Ein fast vier Jahrhunderte alter Bergbauernhof verwandelte sich binnen 18 Monaten behutsamen Umbaus in ein großzügiges Kunsthaus mit offenem Atelier, Galerie und Büro. Im Herbst 2008 wurde es von Kilian und Annette Lipp sowie tausend Gästen eingeweiht. Großformatige Bilder werden im Souterrain ausgestellt, das mit den mächtigen Grundmauern und den Holzbalken besonders archaisch wirkt

mysterien bei hechelmann

Die Welt der Bilder von Friedrich Hechelmann (links „Insel II" mit dem Künstler) ist getragen von der Ehrfurcht vor dem Geheimnis unserer Welt. „Die Wissenschaft ist mächtig, der Kunst stehen die Engel bei", lautet die Botschaft am Eingang zu den Kunsträumen im Schloss Isny, das mit Werken von Friedrich Hechelmann und der Sammlung der Kunsthalle Schwaben in eine Stiftung eingebracht wurde

Wir gingen unseren Lielingsweg nach Oberjoch zu, bei himmlischem Wetter, und ich malte den Blick in die sonnige Bergwelt, vorn Tannen, auf den Wiesen überall Herbstzeitlose." Es war die Landschaft rund um Hindelang, die den Maler Otto Modersohn mit über 60 Jahren künstlerisch noch einmal herausforderte. „Dramatischer und packender" als das heimatliche Fischerhude empfand er die spät entdeckte Allgäuer Gebirgswelt und hielt sie während seiner Sommeraufenthalte auf vielen Bildern fest.

Wer heute das steile Sträßchen auf den Gailenberg nimmt, wo Modersohn mit seiner dritten Frau Louise Anfang der 1930er Jahre ein Feriendomizil besaß, stößt wieder auf einen Maler, und die Allgäuer Landschaft ist auch eines

Tête-à-tête im Salon: Friedrich Hechelmann und der Irische Wolfshund Ernie

seiner Themen. Diese Parallelen gehören zu Lipps Familiengeschichte. Doch der 55-Jährige ist künstlerisch zu eigenständig und auch zu erfolgreich, als dass er seinen Großonkel, dessen Name eng mit der Künstlerkolonie Worpswede verbunden ist, instrumentalisieren müsste.

Im Oktober 2008 hat Lipp mit seiner Frau Annette das Kunsthaus Kilian Lipp auf dem Gailenberg eröffnet. In dem behutsam restaurierten Bauernhaus malt und präsentiert er seine Bilder: Berglandschaften rund um Bad Hindelang im Wechsel von Stimmungen und Jahreszeiten, verfallende Stadel auf steilen Wiesenhängen, Tiere und nicht zuletzt Menschen – beim Jodeln, im Bierzelt, beim Tanz. Erdig warme, eher dunklere Töne kontrastieren mit changierenden Variationen von Weiß, die Ölfarbe wird in breiter, großzügiger Pinselführung auf zumeist größere Leinwandformate gebracht, Übergänge sind oft fließend, Gesichter bleiben unscharf, haben nie mehr als nur Konturen.

Es sind Bilder „zwischen Naturerlebnis und Abstraktion", wie der Kunsthistoriker Bernd Küster schrieb. Lipp malt heimatliche Themen, ohne in Heimattümelei zu verfallen. Der gebürtige Vorderhindelanger ist mit Themen und Motiven spürbar vertraut, hat aber genügend Distanz, um Veränderung wahrzunehmen und auch zwiespältige Gefühle zuzulassen.

Die kleineren Formate malt Lipp inmitten der Berglandschaft, wo er mit Hocker, Hut und Staffelei selbst ein gutes Motiv abgäbe. Für die großen Bilder macht er draußen Skizzen oder Fotografien und arbeitet dann im Atelier weiter, sei es in einer alten Fabrik in Bad Hindelang oder auf dem Gailenberg. Letzteres freilich nur außerhalb der Öffnungszeiten, wenn keine Besucher da sind, denn Konzentration ist eine der Voraussetzungen für seine künstlerische Produktivität. Innere Balance, sagt Lipp, sei die andere.

Und produktiv muss er sein. Denn die Werke mit der „Kili"-Signatur sind gefragt, seit der Maler 1988 den Kunstpreis der Stadt Kempten und überregionale Aufmerksamkeit gewonnen hat. 800 private Sammler stehen in seiner Kartei. Einige Bilder hängen in Museen und die ersten kauft Kilian Lipp bereits zurück, um die eigene Sammlung im Kunsthaus auf dem Gailenberg zu formen. Aus privaten Mitteln hat er ein fast 400 Jahre altes Kulturdenkmal vor dem sicheren Verfall gerettet und einen Anziehungspunkt für Kulturinteressierte geschaffen.

Lipp ist zwar im Allgäu zu Hause, und das Allgäu liefert ihm die meisten Motive – die anderen steuert die Toskana bei, wo er sich im Sommer gern aufhält –, doch sein wirtschaftliches Überleben könnte die Region niemals gewährleisten. Kaum ein Sammler in Lipps sorgfältig gepflegter Kartei hat eine Allgäuer Adresse; und auch das renommierte Hotel „Sonnenalp" im nahe gelegenen Ofterschwang, das schon seit Jahren Lipp-Bilder sammelt und eine Art Kili-Haus mit käuflichen Originalen eingerichtet hat, beherbergt Gäste aus ganz Deutschland und darüber hinaus.

Ohne überregionale Resonanz kann die Kunst im Allgäu nicht überleben. Das bestätigt auch der Leiter der

MEWO Kunsthalle in Memmingen, Joseph Kiermeier-Debre. 5000 bis 6000 Menschen besuchten die letzte Ausstellung in seinem Haus, die Hälfte von ihnen kam nicht aus Memmingen und Umgebung. Nicht zuletzt deshalb haben Kiermeier-Debre und der städtische Kulturamtsleiter Hans-Wolfgang Bayer den Anspruch, sich überregional zu profilieren.

Mit pfiffigen Ideen und einem dichten Netzwerk von Kreativen macht Kiermeier-Debre Vernissagen zu Erlebnissen. Zur Eröffnung der Ausstellung mit Schattenbildern des Memminger Malers und Zeichners Josef Madlener überraschte der 62-Jährige mit einer avantgardistischen Modenschau in Schwarz-Weiß. Die Figuren selbst ließ er in Lebensgröße reproduzieren und über die Wände der Ausstellungsräume wandern, wo sie eine faszinierende Lebendigkeit entfalteten. Diese Inszenierung brachte die zeichnerische Qualität und die scharfsinnige Beobachtungsgabe Madleners trefflich zur Geltung und holte den kauzigen Künstler aus der „Allgäu-Ecke" heraus, in der er nach Meinung Kiermeier-Debres zu Unrecht „vermodert".

Wie die MEWO Kunsthalle in Memmingen ringen auch das 1996 eröffnete Kunsthaus Kaufbeuren und das seit 2001 bestehende Künstlerhaus Marktoberdorf um ein ausgewogenes Verhältnis zwischen regionaler Akzeptanz und überregionaler Wahrnehmung – keine leichte Gratwanderung im Allgäu. Annette Scholl hat sie 2008 in Marktoberdorf angetreten. Zeitgenössische Kunst erkläre sich nicht von selbst, findet die Kunsthistorikerin, die bereits in der Münchner Kulturverwaltung Erfahrungen gesammelt hat. Um auch Besucher jenseits des klassischen Stammpublikums zu erreichen, setzt sie auf ein durchdachtes Begleitprogramm zu den Ausstellungen: gute Kommunikationsarbeit und Veranstaltungsangebote. Mit dem spektakulären Gebäude zweier Schweizer Architekten hat Annette Scholl ein Haus übernommen, das durch seine eigene Ausstrahlung bei jeder Ausstellung ein Wörtchen mitredet. Die zwei rotbraunen Klinkerkuben, zu denen man durch einen ummauerten Vorhof gelangt, sind schon für sich ein Objekt. Für die Ausstellung „von hier aus" wurden fünf Künstler gebeten, Installationen

Kulturerlebnisse brauchen ein dichtes Netzwerk von Kreativen, sagt der MEWO-Chef Joseph Kiermeier-Debre – hier in Memmingen vor einer Installation zur Ausstellung „... auch ich in Arkadien" über das Werk des deutschen Fotografen Wilhelm von Gloeden

pfiffige ideen bei kiermeier-debre

MERIAN | TIPP
Künstlerhäuser und Galerien

(E 7) **Kunsthaus Kilian Lipp**
In dem fast 400 Jahre alten Bauernhaus mit herrlichem Blick auf das Ostrachtal präsentiert der Maler Kilian Lipp seine Sammlung sowie Bilder zum Verkauf.
Gailenberg 13, Bad Hindelang
Tel. (083 24) 82 86
www.kilianlipp.de
Do-Sa 14-17 Uhr, Eintritt frei

(h 2) **MEWO Kunsthalle Memmingen**
Wechselausstellungen im sanierten ehemaligen Postgebäude unmittelbar neben dem Bahnhof. Das Café im selben Haus ist nur abends geöffnet.
Bahnhofstraße 1, Memmingen
Tel. (083 31) 85 07 71
www.memmingen.de/kunsthalle.html
Di-So und Feiertage 11-17 Uhr
Eintritt 3 € (ermäßigt 2 €)

(F 5) **Künstlerhaus Marktoberdorf**
Wechselausstellungen zeitgenössischer Kunst in einem interessanten, modernen Klinkerbau inmitten eines Wohngebiets. Von der Durchgangsstraße her ausgeschildert.
Kemptener Straße 5, Marktoberdorf
Tel. (083 42) 91 83 37
www.kuenstlerhaus-marktoberdorf.de
Mi-Fr 15-19, Do bis 20,
Sa, So und Feiertage 11-18 Uhr
Eintritt 5 € (ermäßigt 3 €)

(F 4) **Kunsthaus Kaufbeuren**
Architektonisch Aufsehen erregender Bau am Rande der historischen Altstadt mit Wechselausstellungen zur Kunst des 20. Jahrhunderts und zu kulturhistorischen Themen.
Im Haus die Kaffeebar „Kirschkern".
Spitaltor 2, Kaufbeuren
Tel. (083 41) 86 44
www.kunsthaus-kaufbeuren.de
Di-Fr 10-17, Do 10-20, Sa, So 11-17 Uhr, Eintritt 5 € (ermäßigt 3 €)

(C 6) **Kunsthalle im Schloss**
Das ehemalige Benediktinerkloster beherbergt eine ständige Präsentation der Bilder Friedrich Hechelmanns, eine Replikensammlung von antiken Skulpturen und Reliefs. Guter Museumsshop.
Schloss 1, Isny im Allgäu
Tel. (075 62) 91 41 00
www.hechelmann.de
Di-So und Feiertage 11-17 Uhr
Eintritt 5 € (ermäßigt 3,50 €)

(a 1) **Kunsthalle Kemtpen**
In dem attraktiven historischen Kreuzgewölbe finden regelmäßig Ausstellungen statt, es kann auch für Veranstaltungen angemietet werden.
Memminger Str. 5, Kempten
Tel. (08 31) 252 53 69
www.kunsthalle-kempten.de
Di-So 10-16 Uhr, sofern nicht anders auf der Webseite vermerkt, Eintritt frei

(D 8) **Villa Jauss**
Wechselausstellungen sowie eine ständige Sammlung von Graphiken aus dem 20. Jahrhundert, darunter Arbeiten von Pablo Picasso, Salvador Dalí und Marc Chagall.
Fuggerpark 7, Oberstdorf
Tel. (083 22) 978 20
www.villa-jauss.de Do-So 15-18 Uhr (März-Okt.); Eintritt 3 bis 5 €

„Beginnende Rotglut", eine Lichtinstallation von Markus Julian Mayer, rückt das Künstlerhaus Marktoberdorf in ein besonderes Licht

>> Informationen zu anderen Museen unter „Sehenswert" ab Seite 137

und Videoarbeiten für das Haus zu schaffen. Einer setzte ein weit sichtbares Zeichen, indem er das Gebäude in flammendes Rot tauchte.

Mächtige Farbakkorde von Blau, Grün und Weiß, wie sie im Allgäu auch Berge und Himmel, Wälder und Wiesen sowie Wolken und Wasserfälle anschlagen, empfangen den Besucher im Schloss in Isny, wo der Maler und Buchillustrator Friedrich Hechelmann nicht nur ausstellt, sondern auch arbeitet und lebt. Als das einstige Benediktinerkloster Mitte der 1990er Jahre als Klinik ausgedient hatte und zum Spekulationsobjekt zu werden drohte, gründete der heute 60-Jährige mit Freunden und Unterstützern eine gemeinnützige Kunst- und Kulturstiftung. Unter ihrem Dach, aber ganz aus privaten Geldern, wurden die prachtvollen alten Gebäude saniert.

Die Mittel dazu verdankt der hier gebürtige Künstlers erst in zweiter Linie seinen Gemälden. Lukrativer sind seine Illustrationsprojekte für Bücher und Filme. Projekte muss man sie nennen, weil sie mehrere Jahre in Anspruch nahmen. Dennoch ist die Liste der Bücher, deren Figuren Hechelmann faszinierend eigenwillige, bizarr-schöne Gestalten verlieh, imponierend lang. Sie beginnt mit „Zwerg Nase", lässt sich mit Münchhausen fortführen und endet vorläufig mit „Momo" von Michael Ende, wofür 2007 und 2008 insgesamt 30 Illustrationen entstanden.

Nicht zu vergessen die bibliophile Ausgabe der Bibel (Pattloch-Verlag), für die Hechelmann 50 Illustrationen schuf. Zur Vernissage in der Schlosskirche in Isny kamen mehr als 1000 Gäste; die Ausstellung zählte später 20 000 Besucher – auch im Allgäu die Ausnahme.

Das Allgäu hat mit Friedrich Hechelmann und Kilian Lipp gleich zwei interessante und überregional bekannte Künstler, deren Stil höchst unterschiedlich ist, die aber eines gemein haben: Beide können gut von ihrer Kunst leben, und das Allgäu lebt sehr gut von und mit ihnen. □

Gisela Huettinger *freute sich, bei ihrer Kunstreise auf interessante Architektur von Museen und Galerien zu stoßen.*
Gerald Hänel, *Hamburger Fotograf, war gern im Allgäu unterwegs. Er fotografierte auch das Portfolio dieses Heftes.*

Im alten Garten der Kronburg gedieh früher das Gemüse für die Schlossküche. Heute mäht hier das Damwild

Die 12. und 13. Generation der Allgäuer Adelsfamilie. Theodor Freiherr von Vequel-Westernach, Kinder Carolin und Maximilian, Ehefrau Ulrike

GROSSE BURG MIT KLEIN-FAMILIE

Die Kronburg im Illerwinkel ist ein Magnet: mit Museum, Märkten, Musik und Gästehaus. Die Familie des Freiherrn von Vequel-Westernach hat alle Mühe, diesen Betrieb zu unterhalten. Und viel Freude daran

TEXT: TIBOR RIDEGH, FOTOS: PHILIP KOSCHEL

Konzertpause beendet, Gläser leer. Jetzt räumt Maximilian ab – wie so oft bei großen Veranstaltungen

Der festliche Deutschmeistersaal ist häufig Ort hochkarätiger klassischer Konzerte. Auch die Blasmusik spielt unter üppigem Stuck. Bei gutem Wetter aber eher im Burghof

1

2

3

1 Im Jagdzimmer. Hier bereiten Musiker ihren Auftritt vor, hier stellt das Catering Speis und Trank ab, nur das Halali wird hier nicht geblasen. **2** Der Burghof. Viel Platz für schöne Veranstaltungen **3** Teepause des Burgherrn. Ehefrau Ulrike backt selbst, gern und vor allem gut

TORTEN, TEE UND SCHÖNE TÖNE

1

2

1 Am liebsten Schlager-Improvisationen. Hierzu unterbricht Maximilian gern die Hausaufgaben
2 Enge Freundschaft. Carolin schmust mit Dackel Nana und läuft mit ihm Stunden durch die Natur

GASTHAUS UND KINDERSTUBE

Der Baron hat Ärger mit dem Knie. Nachdem ein Sturm durch den Illerwinkel gefegt war und eine Fichte über eine Straße gelegt hatte, schnappte sich der Schloss- und Forstbesitzer Kettensäge und Traktor mit Seilwinde und machte sich an die Beseitigung des gefährlichen Hindernisses. Ganz zum Schluss ein banaler Sturz und als Folge eine komplizierte Verletzung. Das dauert, doch Theo Freiherr von Vequel-Westernach führt schon wieder Gäste durch die herrschaftlichen Säle seiner Kronburg.

Der massive helle Vierflügelbau, von kupferhaubenbesetzten runden Ecktürmen flankiert, erhebt sich wirklich wie eine Krone in 752 Meter Höhe über sattem Grün auf einem eiszeitlichen Moränenhügel im Allgäuer Voralpenland. Eben dieses Grün, und nicht die Krone, erklärt der Baron, sei einst namengebend für die Kronburg gewesen: Grünburg, Burg im Grünen, 1227 erstmals urkundlich genannt.

Das Allgäu ist gut möbliert mit Burgen, Schlössern und Burgruinen, etwa 60 sollen es sein. Weil hier schon seit mehr als tausend Jahren bedeutende Verkehrswege in alle Himmelsrichtungen und mehrere Alpenpässe reichlich Handelsprofit garantierten, waren die Bauwerke auch eher Zeichen von Macht und Herrschaft als Schutz- und Trutzanlagen. Burg oder Schloss, das ist Ansichtssache. Auch bei der Kronburg, die von 1490 bis 1536 ihr heutiges Aussehen erhielt und als eines der schönsten Renaissanceschlösser von Bayerisch-Schwaben gilt.

Wer je im zähen Stau vor Neuschwanstein stand, wird die Kronburg preisen – als ein Schloss ohne Warteschlangen. Selbst dann nicht, wenn große Veranstaltungen stattfinden, wie die renommierten Kammer- und Schlosskonzerte, das bunte Gartenfestival, der stimmungsvolle Weihnachtsmarkt der Kunsthandwerker. Dies sind die kulturellen und touristischen Höhepunkte eines Jahres, deren Planung und Ablauf in nur zehn Händen liegen, denen des Freiherrn, seiner Gattin Freifrau Ulrike, der Kinder Carolin und Maximilian, die noch Teenager sind, und des Hausmeisters. Weiteres Personal gibt es nicht, weswegen die Selbsthilfeaktion des Barons nach dem Sturm im Wald auch nicht weiter verwundert.

Vom Dorf Kronburg wandert man bergauf zu der typischen Kastellburg, Sitzbänke und Laternen säumen den asphaltierten Weg, auf der Seite hangabwärts stehen Rosen, Lavendel und Rhododendren. Nach vier Minuten tritt man durch die Bögen der mit Wappen und knapp 500 Jahre alten Wandmalereien geschmückten Toranlage in den Innenhof. In der Mitte ein Brunnen mit Ziergitter, 22 Meter tief, viel Oleander, nach Norden eine Arkadenmauer mit Wehrgang, an den hellen Wänden klettern Rosen, Wilder Wein und Clematis empor. Die Haustür des Westflügels öffnet Freiherr von Vequel-Westernach, Schlossherr in 12. Generation, dem Besucher persönlich.

Ehe der Baron im gemütlichen Bibliothekszimmer im Südwestturm beim Tee über die Kronburg, seine Familie und die Obliegenheiten eines heutigen Schlossbesitzers erzählen kann, nimmt der Ausblick von hier aus der Höhe alle Aufmerksamkeit des Gastes in Anspruch: Das klare Wetter erlaubt eine unglaubliche Panoramasicht auf die Alpenkette zwischen Säntis und Zugspitze. Weitere Ausschweifungen des Auges verhindert das ziegelrote Dach.

Das Dach. Ach was, eine ganze Dachlandschaft mit nagelneuen Biberschwanzziegeln auf 3500 Quadratmetern Fläche, die in den neunziger Jahren zu einer Erfolgsgeschichte im Clinch mit der Bürokratie der Landesdenkmalpflege wurde. Obwohl damals 40 Wannen das Regenwasser unter ebenso vielen Leckstellen auffingen, wollten die Münchner Beamten bei der Sanierung dennoch die alten Zie-

1 Die „Allgäu-Böhmischen“ spielen im Schlosshof. 2 Ulrike Freifrau von Vequel-Westernach. Sie versorgt die Küche, managt Events und tausend Dinge mehr. 3 Porzellan aus Jahrhunderten. Auch kunstvolle Nachtgeschirre gehören zur Kollektion

TAUSEND PFLICHTEN, TAUSEND GÄSTE

gel wiederverwendet sehen. Die aber, sagt der Baron, seien durch sauren Regen porös wie ein Schwamm gewesen. Erst mit der Sonderanfertigung des 19 Millimeter dicken „Kirchenbibers“ unter seiner Überwachung habe er die Sturheit der Bürokraten überwinden können. Der Schlossherr ist Ingenieur für Holztechnik und technischer Betriebswirt, kennt sich in allen möglichen Techniken gut aus.

„Junge, du bekommst das Haus nicht, wenn du es verludern lässt“, hatte Vorbesitzer Franz Freiherr von Vequel-Westernach mit erhobenem Finger zu seinem Neffen Theo gesagt, „jetzt ist hier alles in Schuss!“ Der alte Herr irrte. Der Renovierungsbedarf war noch groß. Und so machte der Nachfolger seiner Verpflichtung als Erbe alle Ehre. Seit 1986 wurde mithilfe von Investitionen in Millionenhöhe allein zur Substanzerhaltung aus der Kronburg ein Kleinod, das jedes Jahr einige tausend Menschen besuchen.

Selbst von Experten ist die originale Anlage der Burg kaum noch zu identifizieren. Der Baron hält es für denkbar, dass von hier schon Roms Legionäre das Land überwachten. Reste eines im Mauerwerk verborgenen Burgus, eines kleinen Beobachtungsturms, sprechen dafür. Später kamen Staufer, Habsburger und das chronisch finanzschwache Reich vergab die Kronburg mehrmals als Pfand, Kaiserliche, Schweden und Franzosen saßen als Besatzer auf dem Hügel, man riss nieder und baute wieder auf. Bereits 1619 war dem kaiserlichen Berater und späteren Hochmeister des Deutschen Ritterordens, Johann Eustachius von Westernach, die Herrschaft samt Burgschloss übertragen worden. Die 1841 männlicherseits ausgestorbene Linie der Westernach lebt seit 1852 durch Heirat in der Verbindung derer von Vequel fort. Einige der Herrschaften sind in der Ahnengalerie des Schlossmuseums zu betrachten.

Was die Besucher jedoch vor allem entzückt, ist die reiche originale Innenausstattung aus der Zeit vom 16. bis zum 19. Jahrhundert. Im Deutschmeistersaal bewundern sie die kunstvollen Stuckaturen der bayerischen Barockmeister Elias Zimmermann und Mang und Simpert Kraemer. Ein Deckengemälde zeigt die vier weltlichen Tugenden. Während im Roten Saal die Kassettendecke (um 1550) mit Arabeskenmalereien und ein prachtvoller zweigeschossiger Ofen von 1699 beeindrucken, staunt man in drei weiteren Räumen über die per Hand bedruckten und bemalten Leinwandtapeten aus dem 18. Jahrhundert: Ihre Farben wirken so frisch, als seien sie gerade gestern aufgezogen worden. Aus dem kostbaren Porzellan- und Fayencenbestand zeigt der Baron mit sichtlichem Vergnügen eine Anzahl nicht minder wertvoller Nachtgeschirre.

Freude an Schönheit, Stil und historischem Ambiente möchten auch ganz besondere Kronburg-Gäste genießen, und zwar am schönsten Tag ihres Lebens: Brautpaare. In der wunderschönen Kapelle des Schlosses können sie sich kirchlich trauen lassen, im Roten Saal auch zivil. „Anschließender Sektempfang oder ein Bankett – alles ist möglich“, sagt Ulrike Freifrau von Vequel-Westernach, „in der neu ausgebauten Remise, im Deutschmeistersaal oder im Jagdzimmer.“

Die Herrin in einem Haus mit 100 Räumen studierte Betriebswirtschaft, ist Managerin, Gastgeberin und Hausfrau, führt einen vollgeschriebenen Jahreskalender. Ihre Tage fangen meistens um 5.30 Uhr an. Mit einem Schrittzähler hat sie mal ihre Bewegungsleistung ermittelt: „Glauben Sie mir, zehn Kilometer am Tag sind keine Ausnahme!“ Die Baronin hat auch das unterhalb der Kronburg gelegene Gästehaus zu versorgen und zuallererst ein Frühstücksbüfett herzurichten. Viele der Gäste in den zwölf großen, elegant ausgestatteten Apartments mit Blick auf die Alpenkette kommen seit Jahren hierher in den idyllischen Illerwinkel. Sie schätzen den Blumen- und Rosenblütenzauber im 5000 Quadratmeter großen Garten, den kürzlich angelegten Quellwasser-Naturschwimmteich, die Wellnessoase mit Solarium, Sauna und Infrarotkabine.

Die Freude über einen gut laufenden Wirtschaftsbetrieb ist dem Ehepaar der seelische Ausgleich zur täglichen Plackerei. „Wir sind zwar eine Art Gemischtwarenladen“, beschreibt es die Baronin, „mit Schlossmuseum, Hotellerie, Forstwirtschaft, als Ort für Seminare und Bankette, mit Gartenfestival und Märkten im Schlosshof, aber in jedem Bereich setzen wir auf höchste Qualität. Die hat man nicht irgendwann einmal erreicht, sondern sie muss immer wieder neu erarbeitet werden.“

Dem Baron ist es wieder gelungen, in der Reihe der seit gut 20 Jahren veranstalteten Schlosskonzerte unter anderen mit dem „Concilium musicum Wien“ und dem „Wiener Glasharmonika Duo“ hochkarätige und international bekannte Interpreten klassischer Musik, mit den „Allgäu-Böhmischen“ beste volkstümliche Blasmusik auf die Kronburg zu holen – und begeisterte die Konzertbesucher. Bei festlichen Anlässen repräsentieren Freiherr und Freifrau dann auch ausgesprochen gern. Ihr heutiges Selbstverständnis als Adelsfamilie? „Wir tun alles, um unser Erbe zu erhalten und an die Kinder weiterzugeben“, sagt er. Und sie: „Für mich sind im Zweifelsfall die Gummistiefel wichtiger als das Ballkleid.“ □

Tibor Ridegh *ist Redakteur dieser* MERIAN-*Ausgabe.*

MERIAN | TIPP

Schloss Kronburg

(C/D 4) **Kronburg** Burgstr. 1, 87758 Kronburg, Tel. (083 94) 271
Fax 16 71, info@schloss-kronburg.de, www.schloss-kronburg.de

Schlossführungen: Mai-Okt. nach telef. Vereinbarung, Gruppen: 15-35 Pers. 6 € p.P., 36-50 Pers. 5 € p.P.

Gästehaus Schloss Kronburg: Woringer Str. 5, Tel. (083 94) 92 10
Fax 16 71, 12 Apartments (50-75 m^2), für 2 Pers. 63-78 €/Tag, für 4 Pers. 95-104 €/Tag, Hochzeitssuite 100 €/Tag, erm. ab 5 Tagen (Vor-/Nachsaison)

Die auf das frühe 13. Jahrhundert zurückgehende Kronburg liegt ca. 10 Kilometer südlich von Memmingen, ist von den Autobahnen A 7 und A 96 leicht erreichbar

Königliche

„Herrgottsbeton" nennen die Allgäuer das Nagelfluhgestein des Hochgrat

Wanderlust

110 Kilometer von Lindau bis Füssen: fünf Tage auf dem Maximiliansweg. Um sein Land kennenzulernen, legte König Max II. vor gut 150 Jahren sogar ein Mehrfaches an Weg zurück

TEXT: VERENA LUGERT

aufwärts, auch wenn das Herz schneller klopft, die Muskeln müde werden, der Atem nur noch stoßweise geht und auch der Hund kaum mehr will. Fragend blickt er mich an: Wirklich? Ich nicke, ergeben hoppelt er weiter. Steiler wird es, Wurzeln ziehen sich knotig über den Waldboden, hinter Tannen ragen die Hochgipfel der Allgäuer Alpen empor.

„Unser Emporklimmen war mühselig genug, doch ist es eine undankbare Aufgabe, die Einzelheiten solcher Bergwanderungen zu schildern, wenn man sie nicht mehr genau im Kopfe hat", schreibt der Gelehrte Friedrich von Bodenstedt recht verdrossen in sein Fahrtenbuch, in dem er die Großexkursion Seiner Königlichen Hoheit Maximilians II. von Bayern beschrieb, vor allem, da die königliche Gesellschaft „nach manchen Fährlichkeiten bis auf die Haut durchnässt war". Es soll viel geregnet haben in diesen Wochen im Sommer des Jahres 1858, als sich der königliche Tross auf die Reise begab: von Lindau bis in den Osten des Königreiches. Der König

Weg vom Hochgrat zum Eineguntkopf mit Aussicht über die Bregenzerwälder Berge

Löwe im Lindauer Hafen

In Bregenz geht es per Gondel auf den Pfänder. Von dort aus wird nur noch gewandert

wollte sein Land kennen lernen – und so ging es nun hinein ins Urige, mitten in die Seele seines Volkes wollte er auf dieser Wanderung schauen.

In Lindau haben auch wir, mein Hund und ich, unsere Wanderung auf dem Maximiliansweg begonnen. Knapp 400 Kilometer lang zieht sich der vom Deutschen Alpenverein ausgewiesene Weitwanderweg von Lindau bis nach Berchtesgaden. Doch wir haben nur die Allgäu-Etappe vor uns: fünf Tage und knapp 110 Kilometer bis nach Füssen.

Lindaus Altstadt, auf einer Insel im flaschengrünen Bodensee, streichelt die Augen mit verwinkelten Gassen, gluckernden Brunnen und stolzen Bürgerhäusern. Wir laufen zum Hafen und warten auf das Bodenseeschiff, das uns ans andere Seeufer bringen soll, ins österreichische Bregenz.

„Das erzene Standbild des Monarchen war durch bengalische Feuer erleuchtet, ebenso die weitgeschwungene Hafenmauer und der Leuchtturm nebst dem großen Löwen, welche die Einfahrt des Hafens bilden …“, notierte Bodenstedt in seiner Anfangsbegeisterung über den Empfang der königlichen Entourage in Lindau – noch war man ja keinen Schritt zu Fuß gegangen.

Der Löwe steht immer noch gegenüber Bayerns einzigem Leuchtturm, monumental, lebensfroh, bayerisch, bei herrlichstem Sonnenschein. Schafswölkchen galoppieren über einen blauen Himmel, bunte Wimpel flattern am Schiff und spiegeln sich im ruhigen Wasser des Bodensees. Stampfend setzt sich das Schiff in Bewegung. Dass wandern so komfortabel sein kann? Per Gondel geht es in Bregenz weiter auf den Pfänder, vom Himmel und vom See blitzt es blau, Bierbänke am Gipfel, Weißwurstbehaglichkeit, ein zufrieden gähnender Hund.

Und dann beginnt es: Macht erst Freude, dann Mühe, dann noch Blasen und wird sich die nächsten fünf Tage nicht ändern: das Wandern. Durch den Wald von Vorarlberg zurück ins Allgäu nach Scheidegg, einem geradezu dramatisch beschaulichen Örtchen. Die letzte Sensation gab es hier, als Scheidegg beim Titelentscheid zum „sonnenreichsten Ort Deutschlands 2007“ den Rest der Republik hinter sich ließ. Scheidegg liegt auf einem Hochplateau, die Luft ist hier so rein, dass der Ort den Titel „Heilklimatischer Kurort Premium Class“ führen darf. Und im Gasthaus zur Post gibt es den köstlichsten Hirschbraten, den man sich vorstellen kann.

Nach einem komaartigen Schlaf schnüre ich die Schuhe wieder, und wir verlassen Scheidegg und wandern weiter. Über Wiesen, über Wege, durch Kuhherden, durch Gatter, Dörfer, Weiler, Wildblumenmatten, über Bächlein – durch eine so liebliche, in ihrer Sanftheit so typische Allgäuer Landschaft, wie sie Bodenstedt schon vor 150 Jahren beschrieben hat: „Alles machte hier einen wohltuenden, zu längerem Aufenthalt verlockenden Eindruck: das treffliche Wirtshaus, die zahlreichen

Rastplatz in Sichtweite: die Hirschalpe oberhalb von Bad Hindelang

Gunzesried, Ausgangspunkt für Wanderungen zur Nagelfluhkette

Die Schuhe wieder schnüren …

Weiler und Einzelhöfe, unter welchen viele den behäbigen Wohlstand ihrer Bewohner verrieten, die anmutige Lage, das frische, saftige Grün, die Bergzüge im Hintergrund."

Ein treffliches Wirtshaus ist zur Mittagszeit bald gefunden, dampfende Weißwürste werden serviert, die Kirche gegenüber lässt ihre Glocken singen und heraus strömt eine Hochzeitsgesellschaft, bei Blasmusik wird Bier ausgeschenkt auf dem Kirchhof, und fast alle tragen Dirndl und Lederhose. Maximilian selbst hatte 1853 seine Untertanen dazu angehalten, beständig die traditionelle Kleidung zu tragen. Ob in den Ortschaften des Maximiliansweges das Trachtendekret noch besonders gut in Erinnerung ist?

Weitergehen, gehen, gehen, stundenlang, tagelang, der Rhythmus der Schritte klopft die Gedanken aus dem Kopf, bald ist da nichts mehr, kein Gestern, kein Morgen, kein Vorhin, kein Gleich – nur noch ein winziges, flackerndes Jetzt, und das reicht vollkommen. Ich schaue dem Hund hinterher, der einen Schmetterling über die blühende Wiese jagt, manchmal springt er mit allen vier Pfoten in die Höhe, vergisst den Schmetterling, sieht einer Biene nach. Für den Hund gibt es nichts anderes als das Jetzt, fast bin ich neidisch auf diese Leichtigkeit. Bis ich wieder sitze, raste, ein kühles Bier in der Hand, und der Hund nur Wasser aus seinem Näpfchen bekommt.

Das sanfte Wogen der Landschaft weicht immer höheren Hügeln, bald sind es Berge, die ersten Ausläufer von Oberstaufen sieht man von fern, schon ist man mitten im Ort, dem Kurort, dem Allgäuer Sylt: In den Schaufenstern hängt Hochpreisiges von Bulgari und Chanel, Damen im Pelz sitzen in der Abendsonne im Straßencafé, stoßen an mit „Prösterchen!" Champagner fließt, das macht aber nichts, denn morgen kann man's ja wieder rausschwitzen, beim Feuchtwickel der Schrothkur, wegen der man ja hier ist. Außerdem erlaubt diese vom Fuhrmann Johann Schroth im 19. Jahrhundert erfundene Wunderkur ja sogar ein, zwei Gläschen Wein am Tag. Oder auch mehr, in Selbstmedikation. „Zum Kuren und zum Saufen, fährt man nach Oberstaufen" – weiß der Volksmund. Wir verzichten auf beides, lassen Oberstaufen hinter uns und übernachten im kleineren, bodenständigeren Örtchen Steibis.

Sehr früh am nächsten Morgen geht es auf den Hochgrat, den höchsten Gipfel des westlichen Allgäus. 1834 Meter hoch türmt er sich in den klaren Himmel, der Blick, der sich von oben bietet, reicht bis zur Zugspitze. Wir wandern über die Nagelfluhkette – einen karstigen, fast zwanzig Kilometer langen Gebirgszug, der sich in bizarre Felsformationen auffächert und fältelt, Dinosaurierrücken meint man zu erkennen, asiatische Pagodendächer, Urzeittiere. Dann wieder Hänge, die wirken, als seien sie mit grünem Samt überzogen.

Nagelfluh nennt man das Konglomerat unterschiedlichster Gesteine, aus denen der Gebirgszug aufgebaut ist. Aus ihm ziehen Geologen Informationen über längst abgetragene Schichten der Allgäuer Alpen, die in Jahrmillionen von Wasser und Eis zu jener Großartigkeit geformt wurden,

Autorin Verena Lugert verschnauft am Tiefenbacher Eck

In Hittisau im Bregenzerwald beginnt der südliche Aufstieg durchs Leckner Tal zum Hochgrat

Hinter dem Alatsee türmt sich der mächtige Säuling auf

Im grünen Vilstal zwischen Rehbach und Pfronten

... und immer weitergehen

wie sie sich heute zeigt. Immer weiter gehen wir auf dem Gratweg, rasten am Gipfel des Rindalphorns, steigen in die Gründlesscharte und nehmen dann den Weg ins Tal nach Gunzesried. Ein paar Kilometer vor dem Ort liegt die Aualpe, wo der Schweizer Johann Althaus 1827 den ersten Zentnerlaib Käse „Emmentaler Art“ im Allgäu produzierte.

Am nächsten Tag wandern wir über Gunzesried nach Sonthofen, dann immer höher Richtung Spieser-Gipfel, über Wurzelwerk, ignorieren die Müdigkeit, rasten im Hochmoor, essen reife Blaubeeren, aus denen ein süßdunkler Saft quillt. Immer weiter laufen, der Hund zuckelt hinterher, ich kann kaum mehr sagen, seit wie vielen Tagen das so geht.

Über fünf Stufen zwölf Meter in die Tiefe: der Lechfall bei Füssen

Wir kehren ein in der Hirschalpe, einer Sennerei. Ich trinke Sauermilch, so rahmig und dick, dass sie fast stichfest ist. Esse würzigen Bergkäse, der aus der Milch der Kühe gemacht ist, die um uns herum weiden, muhen und uns mit ihren Dulderaugen ansehen. Der Hund versinkt bei jeder auch noch so kleinen Rast sofort in einen Tiefschlaf, auch ich spüre mittlerweile meine Beine nicht mehr.

Der vierte Tag ist heute, wir müssen weiter, ins Tal. Neben uns fließt munter die Wertach, als wir am späten Nachmittag ins verträumte Örtchen Unterjoch einlaufen. Noch ein paar Kilometer, jetzt auf Tiroler Boden, noch einen letzten Wiesenhang hinab – und wir erreichen das Landhotel Rehbach, wo ich Speckknödel esse und um acht Uhr schon im Bett liege, hinter den Bergen versinkt die Sonne rotorange, ich schlafe zwölf Stunden am Stück.

Am nächsten Morgen recken der Hund und ich unsere steifen Knochen. Die letzte Etappe liegt noch vor uns: durchs Tannheimer Becken nach Füssen. Wir laufen ein paar Stunden über weiche Waldwege am Bächlein Vils entlang, dann steigen wir auf den Falkenstein, einen unwirtlichen Felsen, auf dem sich die mittelalterliche Ruine Falkenstein festgekrallt hat. Ludwig II., der Sohn von Maximilian, wollte auf der Ruine ein Schloss errichten, das Neuschwanstein noch überstrahlen sollte – ein weiteres enigmatisches Projekt des Märchenkönigs, vereitelt durch dessen Tod im Starnberger See.

Man versteht, warum es ihn hier hinauf gezogen hat – es braust uns zwar der Wind um die Ohren, doch das Panorama ist geradezu magisch: Man sieht weit hinab ins Allgäu mit seinen grünen Wiesen, in denen Seen wie blaue Kornblumen prangen, im Süden reihen sich die Gipfel der Alpen, und im Osten sieht man es schon märchenhaft schimmern: Schloss Neuschwanstein. Wir steigen hinab, herunter zum geheimnisvoll blauenden, waldumsäumten Alatsee. Sie ziehen sich, die letzten Kilometer, endlich der Lech, türkisfarben, gluckernd, und dann: Dächergewirr, Mittelalterfassaden, hölzerne Tore, Lüftlmalerei.

Der Gipfel des 1639 Meter hohen Eineguntkopfes: Hochgefühle auf dem nicht immer bequemen Königsweg

Wir sind in Füssens Altstadt. Ein letztes Mal Allgäuer Kässpätzle – für den Hund eine Premiere: Es ist kein Futter mehr für ihn da, er bekommt ein Schüsselchen von meinen Spätzle vor die Nase gestellt. Er kann sein Glück kaum fassen, schnauft, leckt, gräbt sich in den geschmolzenen Bergkäse, schließt verzückt die Äuglein, jault vor Freude, alle Mühsal fällt in Sekunden von ihm ab.

Maximilian II. hatte, nach beendeter Reise, als alle froh und glücklich beisammen saßen – ich stelle sie mir so vor: beim Bier und bei einer Brotzeit, die wunden Füße sich reibend, froh, nicht mehr gehen zu müssen, aber ein wenig stolz auch auf ihre Leistung – da hatte der König, so ist es verbürgt, das Wort an seine Getreuen gerichtet: „Es gereicht mir zu großer Freude, dass auch Sie sich alle so gut amüsiert haben!" Da ging dann wohl ein beifälliges Murmeln durch die Menge und Bodenstedt, Mann des Wortes, entgegnete dem König: „Der Unterschied besteht nur darin, dass Eure Majestät sich menschlich amüsiert haben – und wir uns königlich."

Ich schaue den Hund an, der sich begeistert die Bergkäsefäden von der weißen Schnauze leckt, schaue auf seine erdverkrusteten Beinchen und in seine blitzenden Augen. Und könnte er sprechen, würde er wahrscheinlich sagen, dass auch er sich prächtig amüsiert habe. Fast menschlich, könnte man sagen. □

Verena Lugert *liebt das Allgäu – und kennt es als gebürtige Augsburgerin gut. Als Kind fuhr sie an den Wochenenden regelmäßig in die nahen Berge – und im Winter zum Skifahren nach Oberstaufen. Ihre Großeltern hatten eine Molkerei, die „Allgäuer Milch und Käse-Spezialitäten" hieß.*

MERIAN | TIPP

Maximiliansweg

(B 7) **Hotel Post**
Kirchplatz 5, Scheidegg
Tel. (083 81) 80 72 26-0
Einfache Unterkunft mit großartiger Gastwirtschaft! ÜF ab 33 €

(C 7) **Hotel-Restaurant Schindelberg**
St.-Rochus-Weg 4, Oberstaufen-Schindelberg, Tel. (083 86) 81 84
Fax 81 27, www.schindelberg.info
Schön gelegener Familienbetrieb, sehr gemütlich. ÜF ab 36 €

(D 7) **Hotel-Restaurant Kühbergalp**
Kühberg 1, Blaichach-Gunzesried
Tel. (083 21) 663 90, Fax 66 39 99
www.kuehbergalp.de
Komfortables Hotel mit Schwimmbad. ÜF ab 42 €

(E 7) **Landhotel Rehbach**
Rehbach 1, Schattwald, Tirol
Tel. (00 43-56 75) 66 94;
Fax 66 94-15, www.rehbach.at
Kleinod im Tannheimer Tal, Ausblick auf die Berge, neuer Wellnessbereich, sehr schöne Zimmer. ÜF ab 50 €

Wanderführer
Eugen E. Hüsler: Maximiliansweg. Auf der Königsroute von Lindau nach Berchtesgaden. Bruckmann, 7,50 €

Auf dem zuweilen bröckeligen Nagelfluhgestein ist das Vorankommen nicht immer einfach

DIE INSPIRATION DES REISENS. JEDEN MONAT NEU.

Wählen Sie jetzt Ihr Gratis-Extra und sichern sich Lesegenuss auf höchstem Niveau

LESER SERVICE
040/87 97 35 40

Exklusives Reise-Schuhputz-Set von EdMeier

Die Zusammenarbeit mit zahlreichen Werkstätten der verschiedensten Handwerke sowie Kooperationen mit internationalen Designern und Labels machen bei Eduard Meier Alter zu Patina und Stil zu Klasse. Schuhputzset aus kernigem Rindleder; gefüllt mit zwei Gläsern Emulsionscreme, zwei Bürsten und einem Baumwollpoliertuch.

Aktions-Nr.: 280 47

Zwei exklusive Badetücher von GANT

Die praktischen Badetücher von GANT bieten mit ihrer hochwertigen Qualität, was Sie für einen Wohlfühltag benötigen. Die Badetücher sind dunkelblau gestreift und abgesetzt mit einer sehr schönen roten Paspelierung. Größe: 150 x 100 cm, 100 % Baumwolle, 60 Grad maschinenwaschbar.

Aktions-Nr.: 280 48

Bestellen Sie unter www.merian.de/lesevergnuegen

ENDLICH RUHE

DA OBEN

Après-Ski und Party bis zum Morgengrauen? Das sucht man in Oberstdorf vergeblich. Im südlichsten Zipfel Deutschlands liegt einer der geruhsamsten Skiorte der Alpen. Hier sprechen die Berge – und der Mensch schweigt und staunt

TEXT: SUSANNE STRÄTZ, FOTOS: GÜNTER STANDL

Ein Panorama, das sprachlos macht: Über 400 Gipfel schweift der Blick von der Aussichtsplattform auf dem Nebelhorn in 2 224 Meter Höhe

Es ist kalt. Klirrend kalt. Und strahlend schön. Hier oben auf dem Nebelhorn in 2 224 Meter Höhe. Eine schwarze Bergdohle schwebt vorüber, verschneite Gipfel, so weit das Auge reicht. 400 an der Zahl. Spitze, steile, karstige, zerklüftete, abgerundete. Mit Namen wie Mädelegabel, Hohes Licht, Höfats, Großer Daumen, Hochvogel. Ganz hinten der Säntis. Darüber die Sonne und ein hellblauer Himmel. Dazu diese Ruhe.

Auch unten im Tal, in Oberstdorf, ist es ruhig, extrem ruhig für einen Skiort. Kaum Après-Ski-Bars, keine Menschenmassen. Autos sind im Ortskern verboten, bleiben auf Parkplätzen vor der Stadt stehen. Aber wer braucht

1 Feuer im Eis: Fackelwanderung durch die Breitachklamm, die tiefste Schlucht Deutschlands **2** Kaffee im Schnee: Pause auf der Skihütte Obere Alpe Bierenwang am Fellhorn **3** Idyll in Weiß: die Kirchstraße im Ortszentrum

ABGELEGEN MIT GANZ EIGENEM AKZENT

hier schon ein Auto? Den Ort hat man in zehn Minuten durchlaufen, und dahinter geht es nicht weiter.

Oberstdorf ist Deutschlands südlichste Gemeinde. Danach kommen nur noch Berge.

In der Schweiz mag es anspruchsvollere Pisten geben, in Österreich mehr Party und in Südtirol besseres Essen. Oberstdorf nimmt das gelassen, genießt seine Ruhe. Paare spazieren hier durch die Straßen, haben manchmal ihre Kinder oder Enkel im Schlepptau. Sie begutachten die Schaufenster, kaufen Käse im Spezialitätengeschäft. Auf den Pisten, am Nebelhorn, am Söllereck oder am Fellhorn carven die Skifahrer aus Ulm, Stuttgart und Umgebung die Hänge hinunter. Abends, wenn die Lifte schließen, bleiben die wenigsten von ihnen hier. Auf der schmalen Bundesstraße, die nach Oberstdorf führt, fahren sie zurück nach Hause.

„Wir liegen schon seit Jahrhunderten abseits aller größeren Straßen", sagt Eugen Thomma, 77, ehemaliger Leiter des Heimatmuseums und selbsternannter Chronist der Stadt mit einem beeindruckenden Bauchumfang. „Vielleicht ist deshalb hier viel erhalten geblieben." Die Mundart zum Beispiel. Sie ist noch viel ausgeprägter als in Immenstadt oder Kempten. Wenn sich Oberstdorfer unterhalten, haben selbst Menschen, die nur zwanzig Kilometer von hier aufgewachsen sind, Probleme, dem Gespräch zu folgen. Aber so viel reden die Menschen hier nicht. Sie lieben die Ruhe.

Dabei kamen die ersten Touristen schon vor 150 Jahren hierher. Sommerfrischler, die am Fuß des Nebelhorns gesunde Bergluft atmen wollten. „Oft reisten ganze Familien mit

2

3

1

2

einer Schar von Bediensteten an und blieben gleich mehrere Monate", erzählt Eugen Thomma. Viele ließen sich von Einheimischen in die Berge begleiten. 1891 gab es den ersten Skifahrer: Der örtliche Apotheker, Friedrich Prögler, bestellte sich ein Paar hölzerner „Schneeschuhe", wie sie Fridtjof Nansen 1888 bei seiner Durchquerung von Grönland benutzt hatte. Gefahren ist Prögler damit nur nachts. Er fürchtete den Spott der Nachbarn.

MERIAN | TIPP
Oberstdorf

Landhaus Freiberg
Vier-Sterne-Hotel mit acht geschmackvollen Zimmern. Der Clou in zwei Suiten sind Badewannen, aus denen man in die Berge blickt.
Freibergstraße 21, Tel. (083 22) 967 80
www.landhaus-freiberg.de; DZ ab 170 €

Gasthaus Laiter
Den über 400 Jahre alten Berghof zwischen Fellhornbahn und Skiflugschanze erreicht man am besten zu Fuß. Wer mit Auto kommen will, muss vorher anrufen. Die Mühe lohnt: In der alten Stube serviert Anneliese Vogler beste Kässpatzen mit fünf Sorten Bergkäse.
Laiter 5, Tel. (083 22) 48 60
www.laiter.de; DZ ab 70 €,
Kässpatzen satt mit Salat 12,80 €
(Sonntagabend und Mo geschl.)

Oberstdorf Tourismus
Tel. (083 22) 700 0
www.oberstdorf.de

Doch der neue Sport ließ sich nicht aufhalten. 1899 unterrichtete der erste Skilehrer, 1906 wurde der Skiverein gegründet. Vier Jahre später fanden bereits Rennen statt. Man baute eine Skisprungschanze, inszenierte Eisrevuen für die Gäste und baute 1928 bis 1930 am Nebelhorn die damals längste Personenseilbahn Europas.

Einmal im Jahr herrscht auch heute noch Hochbetrieb. Wie verkraften es die Oberstdorfer, wenn der Tross der Vierschanzentournee durch ihre Stadt zieht?
„Ich liebe es. Dann ist mal so richtig was los", sagt Margret Bolkart-Fetz. Ihr Vater Max Bolkart war selbst Skispringer, gewann 1960 die Vierschanzentournee. „Und wenn man die vielen Menschen dann doch nicht mehr ertragen kann, ist man in wenigen Minuten im Stillach-, Trettach- oder Oytal. Im Winter sind 140 Kilometer unserer Wege so präpariert, dass man dort wandern kann."

Ein paar Jahre lang lebte Margret mit ihrem Mann Ludger, einem Koch, in dessen Heimat Koblenz. „Aber die Allgäuer treibt es immer wieder zurück." Also ließ sich die Familie in Oberstdorf nieder, eröffnete das Restaurant „Maximilians" und baute die Ferienwohnungen der Eltern zu einem der kleinsten Vier-Sterne-Hotels Deutschlands um. Nur acht Zimmer hat das „Landhaus Freiberg".

Aus der Küche von Ludger Fetz sieht man auf die Gipfel. „Mir reicht ja ab und an ein Spaziergang", sagt er, „aber meine Frau zieht es immer in die Natur." Besonders im Winter: „Dann sind die Berge noch beeindruckender, unnahbarer", sagt die Hotelchefin.

Wer Naturgewalten hautnah spüren will, dem empfiehlt sie die Wanderung durch die Breitachklamm. Im Sommer tost hier das Wasser, stürzt von den Felswänden in die Tiefe. Fast hundert Meter ragen die steilen Felsen in die Höhe. Hier gibt es Steine, die seit Jahrtausenden kein Sonnenstrahl erreicht hat. 1905 wurde ein Steg durch die Klamm gebaut. Und schon im ersten Jahr stiegen 25 000 Menschen durch die tiefste Schlucht Deutschlands. Heute sind es 300 000 jedes Jahr. Bei Frost erstarrt das Schauspiel quasi im Fall. Die Wasserfälle werden dann zu einem einzigen Vorhang aus Eiszapfen. Nur noch ganz tief unten hört man das Wasser rauschen.

Fast ist man froh, danach auf einen richtigen Oberstdorfer zu treffen, ein bisschen kauzig, ein bisschen brummig: Otto Schall, 69 Jahre alt, ist Gamsbartbinder aus Leidenschaft. Die Rückenhaare von vier bis fünf Gamsböcken braucht Schall für einen großen Hutschmuck. Jeweils 40 bis 50 Haare bindet er zu einem Büschel zusammen, verarbeitet sie mit bis zu 200 anderen Büscheln in 15 unterschiedlichen Längen zu einem Bart. Für ein Stück braucht er Tage, verkauft es für bis zu 1200 Euro. Zwischendurch grantelt er ein wenig, dass die vielen Fremden die Preise der Bauplätze hochgetrieben haben, dass es nur noch Ferienwohnungen gibt und dass er den Sommer viel lieber mag. Dabei

1 Gamsbartbinder und Grantler: Otto Schall und sein Hutschmuck **2** Hotelchefin und Spitzenkoch: Margret Bolkart-Fetz mit Ehemann Ludger neben dem Bild ihres Vaters, des Skispringers Max Bolkart **3** Klarer Himmel und freie Pisten: die Hütte Adlerhorst an der Kanzelwand

schaut er aus dem Fenster über eine verschneite Wiese direkt in die Berge.

Bei solchem Wetter waren die Menschen im Bergdorf Gerstruben auf 1154 Meter Höhe früher wochenlang eingeschneit. Heute ist der Ort verlassen, aber der steile Weg dorthin selbst im Winter geräumt. 1892 gaben die Bewohner ihre Siedlung auf, zu beschwerlich war das Leben geworden, die Jungen waren fast alle ins Tal abgewandert. Sie verkauften ihr Land an Kemptener Investoren, die dort ein Staubecken anlegen wollten. Daraus wurde nichts, das verlassene Dorf blieb stehen. Bis heute. Eine gute Stunde führt der Weg steil bergauf zu den fünf Häusern von Gerstruben. Gestrickte Häuser, sagt man hier, weil die Holzbalken wie in einem Gewebe fest ineinandergefügt sind. Eines davon ist Museum. Das ganze Areal steht unter Denkmalschutz. Nur wenige Menschen haben sich hier hoch verirrt. Man steht vor den alten Häusern, beginnt die Stille zu fühlen. Jedes Wort wäre beim Anblick der schneebedeckten, majestätischen Berge zu viel. In Oberstdorf sprechen die Berge. □

Susanne Strätz *ist nur zwanzig Kilometer entfernt aufgewachsen – und dennoch ist der Dialekt der Oberstdorfer für sie eine Herausforderung.*

Ein Gralskönig wollte er gern sein, Ludwig II. von Bayern. Mit dem Ostallgäuer Schloss Neuschwanstein erschuf er sich die Sagenwelt des Mittelalters neu. 120 Jahre später ist der Schwarmgeist ein Idol

Der Träumer und seine Traumfabrik

TEXT: MATHIAS MESENHÖLLER, FOTOS: PHILIP KOSCHEL

Königlicher Ausblick. Von der Loggia des Thronsaals öffnet sich ein Panorama mit Alpsee, Schloss Hohenschwangau (in Hügellage rechts vom See) und den Tannheimer Bergen in Tirol

Seine Märchenwelt wollte Ludwig für sich allein. Der Blick des Volkes hätte sie entweiht

Der byzantinisch wirkende Thronsaal scheint das „Gottesgnadentum“ Ludwigs zu spiegeln – und eine Macht, die er niemals besaß

Neuschwanstein, Bayerns weltweit berühmtestes Bauwerk, wird jährlich von 1,3 Millionen Menschen besucht. 50 Millionen waren bereits hier, fanden Geist und Prunk einer Gegenwelt

Der Zufluchtsort eines verkrachten Königs ist täglich Kult für Tausende

Ludwig (rechts) und sein jüngerer Bruder Otto. Der wurde offiziell Nachfolger, war aber schwachsinnig

Schimmernd hebt sich die „Neue Burg Hohenschwangau" aus dem Zwielicht. Es ist vier Uhr früh, über der Pöllatschlucht graut der 10. Juni 1886. Da erreicht eine Gruppe hoher bayerischer Beamter das Märchenschloss, das heute „Neuschwanstein" heißt. Ihr zynischer Name: die „Fangkommission". Auftrag: den König aus seiner Gralsburg holen und festsetzen – auf Befehl der Regierung in München. Die Minister putschen gegen ihren Landesherrn.

Ludwig II. aber ist gewarnt. Örtliche Gendarmen und Feuerwehr stehen bereit, mit Äxten und Mistgabeln bewaffnete Bauern und Waldarbeiter. Wenig später liegen die Münchner Kommissäre gefangen im Torbau der Burg. Majestät tobt: Entmündigen wollen sie ihn – das „Ministerpack"? Absetzen und seinem Onkel Luitpold die Regentschaft übertragen? Die Augen, befiehlt er, sollen den Gefangenen ausgestochen werden. Doch dann fällt er wieder in dumpfes Brüten.

Wie so oft in letzter Zeit: Bayerns verkrachter König. Ein aufgeschwemmter Hüne von 1,91 Metern und 240 Pfund. Ein Vielfraß, dem Süßigkeiten und Angst vor dem Zahnarzt das Gebiss geraubt haben, dem das halb gekaute Essen Verdauungsprobleme macht. Ein frühes Wrack, morphium- und alkoholabhängig, heillos überschuldet, vereinsamt, bleich von nächtlichen Kutsch- und Schlittenfahrten und dem Schlafen bei Tag. Ein Despot, der seine Minister hasst, die Diener prügelt, das Volk verachtet. Ein Künstler, Kunstfreund und ein großer Mäzen, auf seine Art ein Visionär.

Ein Wahnsinniger, lautet das Gutachten Bernhard von Guddens, Direktor der Oberbayerischen Kreisirrenanstalt in Gabersee: regierungsunfähig. Also wird in München die Regentschaft des Prinzen Luitpold verkündet, Gudden mit einer Kommission ausgeschickt, den vermeintlich irren König unter Aufsicht zu nehmen. Und nun liegt er im Zauberschloss gefangen und bangt um Augenlicht und Leben.

Was wie ein finsteres Märchen klingt, ist der letzte Akt eines großen Königsdramas. Einer Tragödie, der Bayern sein berühmtestes Bauwerk verdankt, seinen schillerndsten Mythos, nicht zuletzt eine König-Ludwig-Industrie, die Jahr für Jahr Millionen abwirft. Dazu bedarf die Geschichte freilich auch eines Anfangs wie im Märchen.

Der schlanke, hochgewachsene Prinz, der im März 1864 auf den Thron des wichtigsten deutschen Mittelstaates gelangt, gilt als ausgesprochene Schönheit. Er begreift schnell, ist belesen, vielseitig interessiert. Bedenklich allenfalls, dass Ludwig beim Tod seines Vaters noch keine 19 Jahre alt ist.

Doch dafür gibt es die Ministerialbürokratie. Eine machtvoll-moderne Verwaltung, die sich zum Regieren nicht sonderlich auf den König angewiesen fühlt. Ob ein Monarch leichter oder schwerer unter ihr herrschen lernt, betrachten die Beamten als dessen Problem. Ludwig indes zeigt sich anstellig. Ein wenig kunstschwärmerisch vielleicht, aber da mischt der Apparat sich nicht ein. Und so kann der junge Herrscher den Schritt tun, der ihn in die erste einer Reihe von Niederlagen führt – und in seine Bausucht.

Kaum gekrönt, weist Ludwig den Kabinettssekretär Pfistermeister an, ihm „den Wagner" zu bringen. Welchen Wagner denn, Wagners gebe es wie Sand am Meer. – Ja was, Richard Wagner natürlich, den Komponisten: „Lohengrin", „Tannhäuser", das Genie! Ludwig verehrt Wagner, seit er mit zwölf Jahren dessen frühe Arbeiten auf dem Klavier eines Onkels entdeckt hat. Mit 15 wankt er wie betrunken aus einer Aufführung des „Lohengrin". Nun soll Pfistermeister ihm den Vergötterten nach München bringen.

Frühputz bei lauter Musik im Vestibül (li.) und im Speisezimmer, ehe die Gäste kommen. Der Schwan, hier nicht aus „Lohengrin", ist Wappentier von Schwangau

Das Leben Ludwigs wurde zum irreal ausstaffierten Gesamtkunstwerk

Keine leichte Aufgabe, denn Wagner ist meist irgendwo, wie er es später nennt, „auf der Durchreise". Um genau zu sein, ist er auf der Dauerflucht vor seinen Gläubigern in Wien, wo nach über 70 Proben „Tristan und Isolde" als unaufführbar abgesagt worden ist, vor Ehemännern, die er gehörnt hat. Im Frühjahr 1864 wähnt er sich am Ende. Da stöbert Pfistermeister ihn in Stuttgart auf. Zwei Tage später steht das verkrachte Genie vor seinem noch unverkrachten Bewunderer. Nie wieder, bescheidet der König mit majestätischem Schwung, dürfe der Meister den Gemeinheiten des Alltagslebens ausgesetzt sein. Unterhalt, Bühnenetat: Das übernehme fortan er, Ludwig von Bayern.

Wagner ist gerettet. Ludwigs Katastrophe beginnt.

Wagner tut, was er immer tut. Stellt maßlose Ansprüche, lebt extravagant, spannt dem Dirigenten und Freund Hans von Bülow die Frau aus, verbraucht Unsummen und beschimpft die Verwaltungsknauser. Er fühlt sich sicher: Der König liebt die Heldensagen, die üppigen Kulissen und die schwüle Opulenz einer Wagner-Oper.

Das ist die Welt, in der Ludwig herrschen möchte – nicht die der Kabinette und Beamtenintrigen. Denn dort, in der Wirklichkeit, erlebt er längst, wie die Profis des bürokratischen Geschäftsgangs und der Manipulation seine Absichten und Pläne gekonnt sabotieren und unterlaufen.

Bald wühlen sie auch gegen den so teuren wie hochfahrenden Günstling. Die Presse murrt. Als der Operndichter auch noch Politik machen will, stellen die Minister Ludwig ein Ultimatum: Wagner oder wir. Ludwig muss den „geliebten, einzigen Freund" bitten, München zu verlassen.

Auf die innere folgt die äußere Niederlage. 1866 besiegt Preußen Österreich im Entscheidungskrieg um die Vorherrschaft in Deutschland; Bayern sinkt zu einem Vasallen Berlins ab. Fünf Jahre später muss Ludwig dem gehassten Preußenkönig gar die deutsche Kaiserkrone antragen. 1867 versucht er, seine geschwächte Position dynastisch zu stärken und verlobt sich publikumswirksam mit Sophie Charlotte, Herzogin in Bayern, einer Schwester Elisabeths, Kaiserin von Österreich. Doch dann gewinnt der Zauderer in ihm die Oberhand, der Brautvater drängt, der darüber empörte König schleudert eine Büste der Verlobten aus dem Fenster – Ende der Pseudo-Romanze.

Ludwigs Verlustbilanz nach drei Jahren Herrschaft: ein vergötterter Günstling, die bayerische Selbstständigkeit, eine Verlobte, die Illusion, unabhängig regieren zu können. Mit gerade Anfang 20 Jahren sieht sich der Märchenprinz zu „einem Schattenkönig ohne Macht" erniedrigt, von seinen Ministern gestutzt, von den Preußen gerupft. Das einzige, was ihm unbeschadet geblieben ist, ist eine reiche Phantasie. Also muss die Phantasie Wirklichkeit werden.

Im Mai 1868 schreibt der unheilbare Wagnerianer Ludwig an Wagner: „Ich habe die Absicht, die alte Burgruine Hohenschwangau bei der Pöllatschlucht neu aufbauen zu lassen im Stil der alten deutschen Ritterburgen. Der Punkt ist einer der schönsten, die zu finden sind." Wahrhaftig: Auf einem Gipfel oberhalb Hohenschwangaus gelegen, mit einer phantastischen Sicht zu den Tiroler Alpen und die Ebene um Füssen – wenn man sich eine Gralsburg wünscht, die Burg Lohengrins und die Burg Tannhäusers

Die Grotte als eine romantische Verklärung der „Tannhäuser"-Sage. Die Nachahmung einer Tropfsteinhöhle wurde zwischen Arbeits- und Wohnzimmer errichtet. Sie ließ sich schon damals beleuchten. Im späten Licht: Neuschwanstein von Hohenschwangau gesehen

zugleich, dann liegt die Doppelruine von Vorder- und Hinterhohenschwangau ideal. 1869 beginnen die Arbeiten.

Ludwig schwelgt in den Ansichten, die ihm ein Theatermaler entwirft. Doch bald reicht ihm das nicht mehr. Er will stärkeren Traumstoff. 1874 beginnen die Arbeiten an Schloss Linderhof bei Ettal, 1878 die in Herrenchiemsee. Versuche, Versailles nachzuahmen. Produkte der ausschweifenden Königsphantasie eines Machtlosen.

Million um Million Goldmark geht an Heerscharen von Maurern, Steinbruchbesitzer, Maler und Kunsthandwerker. Ein Teil des Geldes stammt aus der Privatschatulle des Monarchen. Ein anderer wird heimlich aus Berlin angewiesen: Unter der Hand lässt Ludwig sich für die Rolle, die ihm bei der Erhebung Wilhelms I. zum Kaiser aufgenötigt wurde, entschädigen. Vor allem jedoch macht er rücksichtslos Schulden. Immense Schulden.

Ludwigs Bausucht bekommt etwas Manisches, die Schlösser sind sein ganzes Lebensglück: „O es ist notwendig, sich solche Paradiese zu schaffen, solche poetischen Zufluchtsorte, wo man auf einige Zeit die schauderhafte Zeit, in der wir leben, vergessen kann." Derweil verdankt er der „schauderhaften Zeit" das Dynamit, das auf dem schmalen Felsplateau überhaupt erst den Platz schafft für seine „Ritterburg", ebenso die Doppel-T-Träger und Eisengusssäulen, die den Bau ermöglichen, die Techniken, die Messing, bemalten Stuck und Glas wie unbezahlbare Mengen von Gold, Marmor und Edelsteinen funkeln lassen.

Was Mittel und Komfort angeht, ist Ludwig II. radikal modern. Zwar lässt er jedes freie Stück Wand mit Sagen-Szenen ausmalen, mit Rittern, Heiligen und mittelalterlichen Königen – aber fließendes Wasser legen, eine Warmluftheizung und zwei Telefonanschlüsse, in der Küche vollautomatische Drehspieße installieren. Das geheimnisvolle Licht, das bei nächtlichen Ausfahrten seinen Galaschlitten umstrahlt, ist das einer batteriebetriebenen Lampe.

Allmählich verwandelt sein Leben sich in ein künstlich beleuchtetes, phantastisch ausstaffiertes Gesamtkunstwerk. Ein Musiktheater-Imitat. Zunehmend ein Ein-Mann-Stück.

1875 zeigt sich der König zum letzten Mal der Münchner Öffentlichkeit. Opern und Schauspiele genießt er in Separatvorstellungen, die das gemeine Publikum ausschließen. Und während sein Großvater und Vater viele ihrer Bauten und Sammlungen zugänglich machten, schafft Ludwig seine Märchenwelt allein für sich: „Der Blick des Volkes", findet er, würde sie „entweihen, besudeln." – Was ihn nicht hindert, für die Arbeiter auf der Schwangauer Baustelle eine großzügig subventionierte Kranken- und Unfallkasse einzurichten. Auch darin ist er unbefangen modern.

Schließlich, ab 1884, hält er sich immer öfter in seiner halb fertigen Gralsburg auf, um dort mit wenigen Gefährten zu leben, mehr in der Nacht als am Tage, zunehmend geplagt von den körperlichen Folgen eines maßlosen Lebens. Das Regieren überlässt er den Ministern – wenn er auch bis zum Schluss die Akten liest, mit Anmerkungen versieht und abzeichnet. Nur seine Finanzen geraten täglich weiter in Unordnung. Um die Jahreswende 1885/86 drohen die

Die Welt im Schlafzimmer des Märchenkönigs. Doch die Nächte von Neuschwanstein verbrachte Ludwig selten im Bett. Er wanderte ruhelos durch die Kulissen seiner Illusionen oder ließ den Schlitten zu geisterhaften Ausfahrten anspannen

Das einzige, was Ludwig blieb, war eine reiche Phantasie. Die musste Wirklichkeit werden

Gläubiger, Linderhof und Herrenchiemsee pfänden zu lassen. In seiner Not beschließt der König, den Landtag um Geld aus der Staatskasse zu bitten. Im Gegenzug jedoch konnten die Abgeordneten die Entlassung der alten, selbstherrlichen Ministerriege fordern. Das bedrohte Kabinett handelt so schnell und effizient wie stets: Am 8. Juni 1886 liegt das Gutachten Bernhard von Guddens vor, das den Monarchen für geisteskrank erklärt.

Am Abend des 9. Juni reist Gudden mit der „Fangkommission" ab – und landet im Torbau des Märchenschlosses. Doch dann greift, anders als im Märchen, die Befehlskette. Die örtlichen Gendarmen werden ersetzt oder schwenken um, die Kommission kommt unversehrt frei, das Schloss wird umstellt. Zwei Tage später ergibt sich der entmündigte König Gudden und einer Anzahl Wärter, die ihn nach Schloss Berg am Wurmsee bringen, dem heutigen Starnberger See. Dort sind die Türklinken abgeschraubt, Gucklöcher in die Türen gesägt, Gitter für die Fenster bestellt. Geschlossene statt Gralsburg.

Am 13. Juni abends kehren Gudden und Ludwig von einem Spaziergang nicht zurück. Ein Suchtrupp findet beider Leichen im See – Mord und anschließender Selbstmord? Doppelselbstmord? Was geschah, ist bis heute ungeklärt. Nicht gut für Kriminalisten mit Berufsehre. Aber eine Steilvorlage für Legendenbildner und Mythenmacher.

Das Ende des Dramas gibt Ludwigs Erbe die richtige Aura. Kaum ist der König tot, werden die Schlösser zur Besichtigung freigegeben, einige Baulücken noch geschlossen. Die neue Burg über Hohenschwangau erhält einen eigenen Namen: Neuschwanstein. Das Volk liebt Neuschwanstein von Anfang an, die opernhafte Pracht, in der sich über ein geheimnisvolles Leben, Bauen und Sterben phantasieren lässt. Was lief da mit Cousine „Sisi", der Kaiserin von Österreich? Kannte der „Kini" nicht jeden Bergjäger beim Namen? Gaben seine Träume nicht Tausenden Lohn und Brot? Psst: Er war schwul. Und ob ihn nun die Preußen auf dem Gewissen haben oder die Bürokraten – jedenfalls eine dieser unromantischen Mächte der nüchternen Moderne.

MERIAN | TIPP

Schlossbesichtigungen
Karten für beide Schlösser **nur** im Ticketcenter im Ort Hohenschwangau (für Schloss Hohenschwangau Apr.-Sept. tgl. 8-17.30, Okt.-März 9-15.30, für Neuschwanstein nur bis 17 bzw. 15 Uhr). Alle weiteren Informationen unter **www.ticket-center-hohenschwangau.de**

„Ein ewiges Rätsel bleiben will ich mir und anderen", schrieb Ludwig einmal, sich bei Schiller bedienend. Das ist ihm gelungen. Und gerade weil so viel Unschärfe im Bild ist, konnte der menschenscheue Publikumsverächter zum „Märchenkönig" mutieren, zur Projektionsfläche für Sehnsüchte und Dienstmädchen-Schwelgereien. Zur Pop-Ikone.

„Kitsch", grummelten die Architekturhistoriker zwar – *wonderful* fanden jedoch die Amerikaner und machten Neuschwansteins Silhouette zum Markenzeichen von Disneyland. Andy Warhol gestaltete das Schloss in knalligen Farben. Ludwigs jugendlich-schönes Porträt geht auf Führern und Postkarten um die Welt. Jährlich wird „sein" Wagner in Bayreuth zelebriert; er selbst steht im Mittelpunkt wenn nicht einer Oper, so doch eines Musicals, samt eigenem Festspielhaus im Forggensee. – Wenn er noch lebte, Mädchen würden ihm ihre Slips zuwerfen: ein abgefahrenes *fairy tale*, reiner Traumstoff.

Folgerichtig vollzieht sich die „Entweihung" und „Besudelung" der königlichen Lebenskulisse heute im Halbstundentakt. Man kann es eine Industrie nennen – oder ein zeitloses Gesamtkunstwerk. Vielleicht würde ihn das versöhnen. Vermutlich aber nicht. □

Mathias Mesenhöller *arbeitet am Geisteswissenschaftlichen Zentrum Geschichte und Kultur Ostmitteleuropas in Leipzig.* **Philip Koschel,** *Berliner Fotograf, stand früh auf, arbeitete vor dem Besucheransturm. Er fotografierte auch die Kronburg.*

Die Crew der Macher: Michael Fäßler, Gerhard Pfeifer, Michael Schilling, Manfred Schilder, Wolfgang E. Schultz und Ralf Schmid (von links) auf der Erfolgsleiter. Schmid und Schilder sind die Geschäftsführer der Allgäu Airport GmbH

Der

Evang. StOPf." steht auf dem Schild, es weist den Weg zum geistlichen Beistand. In dem schmutzig-weißen Militärgebäude hat freilich schon seit Jahren kein evangelischer Standortpfarrer mehr Dienst an der Seelsorge geleistet. Am 30. Juni 2003 wurde das Jagdbombergeschwader 34 „außer Dienst gestellt", wie es im Bundeswehr-Deutsch heißt. Zurückgeblieben ist eine Geisterkaserne. „Eine reine Militärruine, eine Militärbrache wäre da heute, wenn wir nichts unternommen hätten." Wolfgang E. Schultz spricht mit warnendem Unterton. Doch der 63-jährige Chef der Memminger Firma Magnet-Schultz hat etwas unternommen, gemeinsam mit anderen aus der Region. Sieben Gründungsgesellschafter haben sich bereits ein Jahr vor dem Abzug der Bundeswehr in einer GmbH zusammen-

Zuerst war es nur eine Idee: Warum nicht einen alten Militärstützpunkt zum Flughafen umbauen? Memminger Unternehmer machten die Vision wahr. Seit Mitte 2007 ist der Allgäu Airport in Betrieb – eine Erfolgsgeschichte

Süden hebt ab

TEXT: NIKOLAUS NÜTZEL, FOTOS: GÜNTER STANDL

Charterjet statt Jagdbomber: Der alte Tornado-Hangar ist heute modernes Terminal

getan, um den einstigen Tornado-Standort zum Zivilflughafen umzurüsten.

Mit gewaltigem Erfolg, resümiert Ralf Schmid, Geschäftsführer der Allgäu Airport GmbH. „Explosiv“ sei das Wachstum gewesen, seit am 28. Juni 2007 ein Militärhangar, zur Abflughalle für Urlauber und Geschäftsreisende umgebaut, den neuen Dienst antrat – nur wenige hundert Meter von dem Gebäude entfernt, das noch immer auf den Evang. StOPf. hinweist. Die Planer hatten eine schrittweise Steigerung auf 300 000 Fluggäste ins Auge gefasst – bis 2013. Tatsächlich aber konnten die Betreiber bereits im ersten kompletten Geschäftsjahr 462 155 Passagiere melden. Und die Zahl der Starts und Landungen soll weiter zügig wachsen. Denn derzeit ist der Airport für die Gesellschafter noch ein Zuschussgeschäft. Eine „schwarze Null“ werde wohl bei 600 000 bis 800 000 Passagieren erreicht, erwartet Flughafen-Chef Schmid.

Bernhard Joachim, Geschäftsführer der Allgäu Marketing GmbH, attestiert den Gründern des Memminger Airports, sie hätten jetzt schon eine Erfolgsgeschichte geschrieben, auch für die Region. Zwar nutzt der größere Teil der Passagiere den Flug hafen, um das Allgäu zu verlassen. Die Verbindungen nach Antalya, Mallorca oder Gran Canaria dienen nur in seltenen Fällen dazu, Türken oder Spaniern eine Besichtigung des Schlosses Neuschwanstein zu erleichtern. Doch mit der Fluggesellschaft TUIfly, die den Memminger Flughafen derzeit weitgehend allein ansteuert, sei fest vereinbart, dass neben „Warmwasserzielen“ auch deutsche Städte angeflogen werden, erklärt Joachim. Und die Rechnung gehe auf.

Der Fachmann für Tourismusmarketing weiß, dass auch die innerdeutschen Strecken für knapp zwei Drittel der Passagiere dazu dienen, um vom Allgäu aus Berlin, Hamburg oder Köln zu besuchen. Doch seien immerhin 37 Prozent des Verkehrs „incoming“, betont Joachim. In den anderthalb Jahren seit der Abflughallen-Eröffnung könnte der Flughafen daher der Voralpen-Region rund 80 000 zusätzliche Gäste beschert haben – und damit zweistellige Millionensummen an zusätzlicher Wertschöpfung, glaubt er: Da seien die rund zehn Millionen Euro Steuergelder, die Land und Kommunen als Zuschuss gegeben haben, gut angelegt.

Michael Fäßler ist einer der Hoteliers, die von dieser Wertschöpfung profitieren. Bis der Memminger Flughafen eröffnet wurde, seien nur wenige Gäste mit dem Flugzeug angereist, um Urlaub in seinem Fünf-Sterne-Hotel „Sonnenalp“ in Ofterschwang zu machen, erzählt er. Doch im ersten Jahr nach der Eröffnung des Allgäu Airport habe er bereits 3000 Komplettpakete inklusive Flugticket verkauft. Dazu kämen noch zahlreiche Gäste, die sich ihren Flug selbst organisieren. Fäßler ist sicher, dass darunter viele Kurzurlauber sind, die sich sonst für ein anderes Ziel entschieden hätten: „Da gibt es bestimmt

1

einige, die ein paar Tage frei haben und die jetzt nicht mehr nach Mallorca fliegen, sondern zu uns." Ein wesentlicher Grund dürfte für viele auch der Preis sein, vermutet er. „Wenn ich früh genug buche und einen Flug für 29 Euro bekomme, reise ich billiger als mit dem Auto."

Bei der Fluggesellschaft TUIfly macht man kein Hehl daraus, dass sich auch der Memminger Airport in die Billigpreis-Strategie der TUI-Tochter einreiht. Wer von Hamburg oder Berlin für 29 Euro one-way ins Allgäu möchte, muss zwar langfristig planen. Doch solche Angebote sind ebenso verfügbar wie Tickets Memmingen–Palermo für 79 Cent zuzüglich 28,01 Euro Steuer und „Sonderentgelt". Für den Sprecher von TUIfly, Herbert Euler, ist klar, dass seine Firma damit Menschen ins Flugzeug bringt, die sonst auf dem Boden blieben: „Wenn wir diese günstigen Angebote nicht hätten, dann hätten wir auch weniger Flüge."

Gabriela Schimmer-Göresz hat zu solchen Aussagen einen klaren Kommentar: „Die Welt ist so gedankenlos, das macht mich wahnsinnig." In ihrem Arbeitszimmer hängt eine große Karikatur an der Wand, auf der der deutsche Michel bequem im Sessel sitzt. Unter dem liegt eine Bombe mit der Aufschrift „Überflussgesellschaft". Beruflich arbeitet Gabriela Schimmer-Göresz in Teilzeit als Rechtsanwaltsfachangestellte. Einen großen Teil ihrer Freizeit hat sie in den vergangenen Jahren in den „Aktionskreis Stopp dem Fluglärm, kein Flugplatz Memmingerberg e.V." investiert, dessen Vorsitzende sie ist.

Die Mitglieder haben sich allerdings darauf verständigt, die zweite Hälfte des Vereinsnamens abzulegen. „Zu verhindern ist da ja nichts mehr", sagt Gabriela Schimmer-Göresz. Bereits 2005 hatte ein bayerisches

2

1 Trubel herrscht am neuen Terminal selten, doch die Zahl der An- und Abflüge ist weit höher als erwartet. 2 Gerhard Pfeifer ist Gründungsgesellschafter des Airport, seine Pfeifer Holding GmbH ist auf Hebetechnik spezialisiert. 3 Viel Platz, viel Ruhe: Memmingens Flughafen passt gut zum Allgäu

Jeder neue Gast bedeutet mehr Profit fürs Allgäu

3

Gericht gegen die Klagen von Gemeinden und Anwohnern einen zivilen Betrieb des Flughafens genehmigt, und im Dezember 2007 wies das Bundesverwaltungsgericht als höchste Instanz die Revisionen zurück. Eine ganze Reihe ehemaliger Aktivisten sei aus dem Verein inzwischen ausgetreten, räumt Schimmer-Göresz ein. Oft laute die Begründung früherer Mitglieder: „Ich fliege jetzt selbst von da ab." Überflüssig sei die Initiative aber nicht geworden, meint die Vereinsvorsitzende. Jetzt beschäftige sie sich beispielsweise damit, „Lärmereignisse" zu protokollieren. Ihr Hauptanliegen aber formuliert sie so: „Billigflüge sind die Antwort auf die Frage: Wie kann ich mit wenig Geld das Klima maximal schädigen?"

Wolfgang E. Schultz kennt solche Argumente. Doch der Chef von 1900 Mitarbeitern, die in seinem Namen Spezial-Magnete herstellen, bleibt gelassen. „Wenn die Billigflüge nicht von Memmingen starten, starten sie von anderswo", sagt der Mitgesellschafter der Allgäu Airport GmbH. Und er glaubt nicht, dass es sich lohnt, beim Flugverkehr anzusetzen, wenn es darum geht, das Klima zu schützen. Flugzeuge trügen nur drei Prozent zum weltweiten Kohlendioxid-Ausstoß bei, rechnet er vor. „Mit einer ordentlichen Altbau-Sanierung können Sie hingegen den Energieverbrauch innerhalb eines Jahres um 25 Prozent senken." Hier gebe es wirklich ungenutzte Chancen, etwas für die Umwelt zu tun, davon ist Schultz überzeugt. Und der Ofterschwanger Hotelier Michael Fäßler sinniert, wer mit dem Flugzeug anreist und im Allgäu dann hauptsächlich mit Shuttle-Bussen oder dem Taxi unterwegs ist, belaste die Umwelt möglicherweise weniger als Auto-Touristen.

Doch nicht nur die Frage der Umweltverträglichkeit hat in der Entstehungsphase des Allgäu Airport für Auseinandersetzungen gesorgt. Wenn die Zeitungen der Region von der „schwäbischen Luftschlacht" schrieben, meinten sie einen anderen Konflikt: Die Industrie- und Handelskammer Schwaben war in zwei Lager gespalten. Das eine kämpfte vehement für einen Flughafen bei Augsburg, das andere Lager stritt ebenso vehement für den Standort Memmingen.

Wolfgang E. Schultz in seiner Firma, die Magnete aller Art herstellt. Ohne Leute wie ihn wäre der Flughafen „eine reine Ruine“

Dass beide Standorte gleichzeitig nicht überleben könnten, das war allen klar. Die „Luftschlacht“ endete klar zugunsten Memmingens. Doch es sei „viel Porzellan zerschlagen worden“, erinnert sich Manfred Schilder, der gemeinsam mit Ralf Schmid die Geschäfte des Allgäu-Flughafens führt. Und der Geschäftsmann Wolfgang E. Schultz ergänzt: „Durchhalten war nicht einfach in der Zeit.“ Aber er sei stets fest überzeugt gewesen, dass ein Flughafen das Allgäu ganz erheblich aufwerte, sagt der Unternehmer.

In dieser Hinsicht ähnelt er ein wenig der Bürgerinitiativen-Vorsitzenden Schimmer-Göresz. Die begründet ihr Engagement gegen den Airport mit dem Satz: „Es gibt Dinge, die müssen einfach getan werden.“ Schultz wählt für die Erklärung seines Engagements für den Flughafen ganz ähnliche Worte: „Ohne Idealismus geht so etwas nicht.“ □

Der Wirtschaftsjournalist **Nikolaus Nützel** *schrieb in MERIAN 2/2009 über den Industriestandort Linz.*

Roms kurze Blüte

Nur etwa 100 Jahre lang war Cambodunum eine bedeutende Hauptstadt und Sitz des Statthalters des Römischen Reiches. Ihr frühes Ende ist ein Glücksfall für die Archäologen

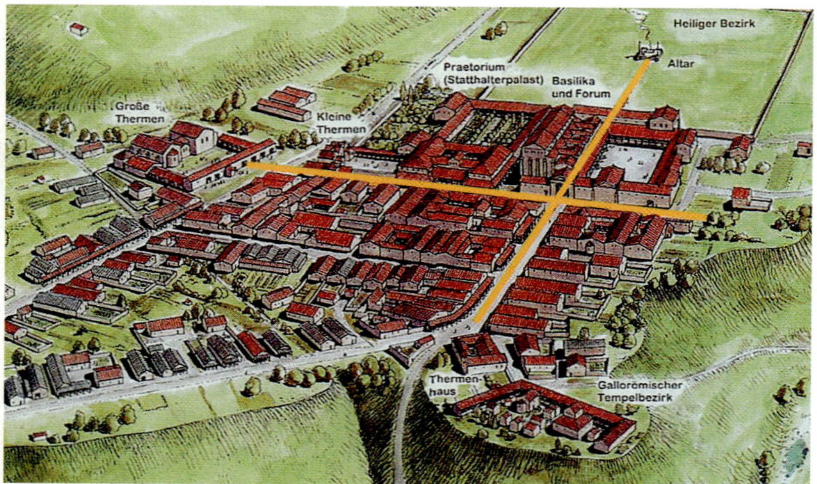

100 Thermen, Tempel und rechte Winkel: Cambodunum, nach einem Brand 69 ausgebaut, war eine typische römische Provinzstadt

2000 Der Straßenzug ist bis heute erhalten, das Gelände ist Archäologischer Park, im Straßenwinkel die Fundamente der Basilika

Die römische Provinz Rätien war dem heutigen Allgäu schon vor 1800 Jahren ähnlich: ein Hort der Ruhe und des Wohlstands. Die ansässigen Vindeliker hatten sich mit den Besatzern zu beiderseitigem Nutzen arrangiert, seit Rom um 15 n. Chr. den Nordrand der Alpen besetzt hatte.

Die keltische Siedlung Cambodunum wurde zur Hauptstadt Rätiens ausgebaut, ganz nach dem Vorbild mediterraner Städte, allerdings ohne ein Theater. Vielleicht fehlte dazu die Zeit. Denn im unruhigen 3. Jahrhundert, als stets aufs Neue Germanenstämme einfielen und zum Teil schweren Schaden anrichteten, gab es zwar noch immer einen sicheren Ort in den Voralpen: das gut befestigte Cambodunum – allzu lang aber dauerte der Frieden nicht. Bereits zu Beginn des 2. Jahrhunderts verlor der Ort an Bedeutung, Augsburg wurde Sitz des Statthalters. In jenen Jahren hatte Cambodunum seine größte Ausdehnung und etwa 3600 Einwohner. Die andauernden Einfälle schwächten die Wirtschaft, im 3. Jahrhundert wird die Stadt auf dem Lindenberg aufgegeben, die verbliebene Siedlung im Flusstal verlassen die letzten römischen Truppen im 5. Jahrhundert.

Die kurze Blüte der Stadt ist ein Glücksfall für die Historiker: Das Gelände wurde bis in die 1960er Jahre nie wieder überbaut, kaum eine antike Stadtanlage nördlich der Alpen ist so umfangreich erhalten wie die von Cambodunum. □

Seit 1885 wird im antiken Kempten gegraben und geforscht. Im Archäologischen Park sind über 100 Jahre wissenschaftlicher Arbeit dokumentiert. www.apc-kempten.de

Sonderveröffentlichung

Allgäu®

ALLGÄU

AUSBLICK. WEITBLICK. LICHTBLICK.

Erleben Sie eine Landschaft zum Verlieben: Hohe Gipfel, saftige Wiesen, klare Bergseen und Menschen, die Sie herzlich empfangen. Ihr Urlaubswegweiser auf 22 Seiten: Die schönsten Reisetipps & Hotelangebote in den Allgäuer Alpen!

INHALT

BAD HINDELANG SPITZE IM SÜDEN

Das Oberallgäuer Ferienland Bad Hindelang liegt in einem Seitental der Allgäuer Alpen – aber verstecken müssen wir uns dort nicht. Denn mehr als die Hälfte unseres Urlaubsgebiets gehört zum 8400 Hektar großen Naturschutzgebiet Allgäuer Hochalpen. Und die andere Hälfte mit Bad Hindelang und seinen Ortsteilen Bad Oberdorf, Oberjoch, Unterjoch, Hinterstein und Vorderhindelang ist quicklebendig und hat mit viel Erfolg den Einklang mit der Natur gefunden. Auf 63 Wanderwegen können Sie bei uns die Alpenwelt erkunden. Von der gemütlichen Wanderung im Tal bis hin zur hochalpinen Tour. Dank der Bergbahnen am Iseler und Imberger Horn ist das bis zu 2600 Meter hohe Gebiet ganzjährig zugänglich. Wer mag, kann sich in unserem Nordic-Fitness-Park, auf zwölf Nordic-Walking-Strecken oder im Bike-Park am Imberger Horn austoben. Im Winter kommen Brettlfans in den schneesicheren Skigebieten Unterjoch und Oberjoch auf ihre Kosten. Unsere Langlaufloipen erstrecken sich bis nach Tirol.

Gästeinformation Bad Hindelang
Tel. 083 24 / 89 20, www.bad-hindelang.info

GIPFELGLÜCK FÜR FAMILIEN

Mitten im Ski- und Wandergebiet auf 1200 m Höhe befindet sich das Familotel Alpenhotel Oberjoch, ideal für den Aktivurlaub mit der ganzen Familie. Hier werden nicht nur die Eltern, sondern vor allem die Kids verwöhnt. Im KIDS-Club auf 200 qm in sieben altersgerechten Räumen erwartet die Kleinen ein spannendes Wochenprogramm. Kinder genießen im Haus All-Inclusive, sie können in „Murmels" Traumland Wellness erleben, sich beim Schwimmkurs austoben oder im nahen Schneekinderland auf 20 000 qm spielerisch das Skifahren lernen. Auf die Eltern wartet die Panorama-Bade- und Saunalandschaft (350 qm) mit außergewöhnlichen Angeboten der Kosmetik- und Massageabteilung.

Alpenhotel Oberjoch, Tel. 083 24 / 70 90
www.alpenhotel-oberjoch.de

WELLNESS & GEMÜTLICHKEIT

Das finden Sie in dem kleinen, familiär geführten Wellness- und Wohlfühlhotel Bären in Bad Hindelang. Gemütliche Gästezimmer und großzügige Appartements mit allem Komfort, den Sie sich wünschen. Wellnessanlage mit Hallenbad, Whirlpool, Sauna, Aromadampfbad, Infrarotkabine, Relaxhalle mit Teebar, Fitnessraum, großer Garten mit Liegewiese. Abwechslungsreiche Küche, z. T. mit Buffet. Wander-, Berg- und Radtouren sind direkt ab der Haustür möglich. Krankenkassenzulassung und Bezuschussung bei Präventionsangeboten.

Hotel Bären, Tel. 083 24 / 930 40
www.baeren-hindelang.de

KÖNIGLICH BAYERISCH

Die Atmosphäre der bayerischen Blütezeit, eine 1500 Quadratmeter große Wellnessanlage mit Freibad, Saunen, Whirlpool und eigener Schwefelquelle (30° C) sowie ein spektakulärer Bergblick auf das malerische Ostrachtal und die imposanten Gipfel der Allgäuer Alpen – das alles erwartet Sie bei uns im Hotel Prinz-Luitpold-Bad. Zu den wohltuenden Angeboten gehören Schwefel-Sprudelbäder, Behandlungen mit alpinem Hochmoor und entspannende Massagen. Das Schwefelwasser war vor 120 Jahren übrigens der Grund für die Verleihung des Namens „Prinz-Luitpold Schwefel-Mineralbad" durch „Seine Königliche Hoheit" Prinzregent Luitpold höchstpersönlich.

Hotel Prinz-Luitpold-Bad
Tel. 083 24 / 890-0, www.luitpoldbad.de

GASTGEBER GANZ NATÜRLICH

Ganz viel Freude, aber auch Professionalität im Umgang mit dem Gast – das ist für uns in Bad Hindelang eine Selbstverständlichkeit. In unseren privat geführten Häusern erwartet Sie ein hoher Qualitätsstandard und viel Gastlichkeit. Dafür bürgen wir von „natürlich hindelang", der Gemeinschaft ortsansässiger Gastgeber. Wir freuen uns auf Sie und bieten Ihnen zu jeder Jahreszeit unvergessliche Urlaubsmomente.
www.natürlich-hindelang.de

HERZLICHKEIT UND REINE LUFT

Die Oberjoch-Hotels erwarten Sie mit herzlicher Gastlichkeit in Deutschlands höchstgelegenem Berg- und Skidorf auf 1200 m – dem Sonnenbalkon von Bad Hindelang! Atmen Sie tief durch in reinster Höhenluft, frei von Feinstaub, Pollen und Allergenen, und tanken Sie neue Energie! Im Sommer ein Traum für Genusswanderer, Gipfelstürmer, Mountainbiker und Bergabenteurer. Im Winter Schneesport-Paradies für die ganze Familie.
www.loewen-oberjoch.de, Tel. 083 24 / 97 30
www.zumaltensenn.de, Tel. 083 24 / 77 15
www.mattlihaus.de, Tel. 083 24 / 98 02 89
www.heckelmiller.de, Tel. 083 24 / 98 20 30
www.schoenblick.de, Tel. 083 24 / 980 40
www.hochpasshaus.de, Tel. 083 24 / 93 37 60

KNEIPPLAND MIT GESCHICHTE

Bei uns im Unterallgäu mit seinen beiden Kneipp-Heilbädern Bad Wörishofen und Bad Grönenbach sowie dem Kneippkurort Ottobeuren und der Kreisstadt Mindelheim finden Erholungssuchende, Aktivurlauber, Kulturliebhaber, Naturfreunde und Familien alles, was das Herz begehrt: ein gut ausgeschildertes Radwegenetz für Hobbysportler und ambitionierte Rennradfahrer, wunderschöne Wanderwege fern der alltäglichen Hektik, mittelalterliche Burgen, die Prunkbauten der Fugger und verspielte Barockkirchen. Oder Sie tauchen mit Ihrer Familie einmal hautnah ein in die Geschichte der Landwirtschaft im Schwäbischen Bauernhofmuseum in Illerbeuren.
Wir laden Sie ein zu einer Entdeckungsreise durch eine Region mit Geschichte und Tradition, in der niemals Langeweile aufkommt. Erleben Sie die Zeit der Ritter und Landsknechte, z. B. beim Frundsbergfest in Mindelheim. Ein ganz besonderes Spektakel, lehrreich und spannend zugleich. Besuchen Sie die Rokoko-Wallfahrtskirche Maria Steinbach. Wandeln Sie auf den Spuren alter Adelsgeschlechter in Mindelheim, Memmingen und auf dem Renaissance-Schloss Kronburg, malerisch über dem Illerwinkel gelegen. Klassikliebhabern empfehlen wir die Basilikakonzerte in Ottobeuren. Ein Besuch in unserer Region lohnt sich. Für jeden.
Kneippland Unterallgäu
Tel. 08261 / 995 375, www.unterallgaeu.de

LIEBENSWERT UND SPANNEND

Das Allgäu gibt es auch im Württembergischen. Und wie! Zwar haben wir in der Ferienregion Allgäu-Bodensee die hohen Gipfel dem benachbarten Bayern überlassen, dafür aber ist unser Voralpenland besonders reizvoll und vielfältig: viele Golfplätze rundum, Wandern ohne Ende – ein Paradies für alle Sportler, Naturfreunde und Kulturinteressierte.

13 Orte haben sich zur Ferienregion Allgäu-Bodensee zusammengeschlossen. Da gibt es z. B. die Gemeinde Argenbühl, die sich schwärmerisch auch als „Toskana des Allgäus" bezeichnet. Sechs hübsche Dörfer, jedes mit ganz eigenem Reiz und wechselvoller Geschichte.

Bad Wurzach ist weithin bekannt für seine ausgezeichneten Kur- und Wellness-Angebote und die einmalige Naturlandschaft des Wurzacher Rieds.

Intensiv kuren oder kurz ausspannen, Energie tanken, Raum und Zeit für sich und die Lieben haben – im heilklimatischen Kurort Isny fühlen Sie sich bestimmt gut aufgehoben.

Der Luftkurort Kißlegg bietet viele kunsthistorische Sehenswürdigkeiten, wie etwa die prachtvolle Barockkirche St. Gallus und Ulrich mit dem einzigartigen Augsburger Silberschatz.

„Leutkirch lohnt sich" ist der Wahlspruch dieser Stadt. Ob Rad- oder Wanderwege oder Nordic-Walking-Routen, jeder findet hier das Passende für sich. Und die verwinkelte Altstadt mit ihren Geschäften, Cafés und Bistros lädt zum Bummeln ein.

Zur Region Waldburg gehören sechs Gemeinden. Hier finden Sie erholsame Ruhe und ländliche Idylle in greifbarer Nähe zu städtischem Flair, eine abwechslungsreiche Landschaft mit Ausflugszielen wie der mittelalterlichen Waldburg.

„Historisches Kleinod mit Wohlfühlgarantie", das ist Wangen. Wie so viele andere Besucher werden auch Sie hier sicherlich ins Schwärmen geraten – von der prächtigen Altstadt, vom pulsierenden Leben in den Straßen, Gassen und Winkeln.

Der kleine, liebenswerte Ort Wolfegg liegt an der Oberschwäbischen Barockstraße und ist bekannt für sein Schloss, das Automuseum von Fritz B. Busch, das Bauernhaus-Museum und sein hochkarätiges Konzertangebot.

Wir empfehlen für die Erkundung der Region gerne das Fahrrad als Fortbewegungsmittel. So gelangen Sie problemlos in alle Ecken dieses württembergischen Zipfels des Allgäus. Sie lernen Land und Leute intensiv kennen. Und werden feststellen: Bei uns geht es gemütlich, allgäuerisch gelassen, schwäbisch neugierig und bescheiden zu. Superlative sind nicht erwünscht. Ganz im Sinne all der Gäste, die ihren Urlaub eher leger und nicht touristisch durchgestylt bevorzugen.

Ferienregion Allgäu-Bodensee, Tel. 07522/74211
www.ferienregion-allgaeu.de

FÜNF DÖRFER VOM FEINSTEN

Sie heißen Balderschwang, Bolsterlang, Fischen, Obermaiselstein und Ofterschwang und liegen am Fuße der Allgäuer Bergkette Hörner. Nur wenige Kilometer von Oberstdorf und dem Kleinwalsertal entfernt, finden Sie hier alles, was einen Urlaub im Sommer und im Winter so reizvoll macht.
Unter dem Titel „Kuhle Kids" bieten wir allen Kindern von Mai bis Oktober ein cooles Kinderprogramm (kostenlose Kinderbetreuung in den Sommerferien). Und den Eltern damit ganz viel Zeit für eigene Urlaubsaktivitäten. Von „A" wie Angeln bis „W" wie Wellness und Wandern reicht unser Angebot. In Ofterschwang erfahren Sie alles über Kräuter. Erfahrene Führer zeigen Ihnen in der Natur, wo die Wildkräuter wachsen, Gastwirte verwöhnen Sie mit feinsten Kräutergerichten. Fischen im malerischen Illertal überzeugt mit speziellen Wellness-, Gesundheits- und Wanderangeboten. Das Bergdorf Bolsterlang ist das ganze Jahr über ein Paradies für Wanderer, während Obermaiselstein Sie mit der Sturmannshöhle und dem Sagenweg ins mystische Allgäu entführt. Der kleinste Ort Balderschwang liegt hoch oben am Riedbergpass und ist idealer Ausgangspunkt zu einigen der schönsten Sennalpen der Region. Dort bieten die Senner Ihnen handgemachten Bergkäse, frische Buttermilch und zünftige Brotzeiten.
Tourismusgemeinschaft Hörnerdörfer
Tel. 01805/837483, www.hoernerdoerfer.de

GEHEIMNISVOLLE SCHÖNHEIT

Zwischen den Allgäuer Alpen und der Allgäu-Metropole Kempten, dort wo die Berge den Blick in die Ferne freilassen, liegt das „Allgäuer Seenland". Eine geheimnisvolle Region rund um die Orte Buchenberg, Sulzberg und Waltenhofen. Ein Landstrich voller Tradition und Mystik, in dem Einheimische heute noch das tun, was ihre Vorfahren schon vor Jahrhunderten taten: die Natur achten und Bräuche bewahren.
Dazu zählt insbesondere das lange geheim gehaltene Wissen um die Heilkraft der Kräuter. Im Allgäuer Seenland, besonders im Kräuterdorf Niedersonthofen, können auch Sie als Urlauber bei Kräuterwanderungen auf dem mystischen Wasserfallweg oder bei Workshops die Natur von ihrer ursprünglichen Seite kennenlernen. Dazu gehört auch das Erspüren von Wasseradern mit Wünschelruten. Auf dem Wasserschmeckerweg in Buchenberg können Sie testen, ob Sie selbst als „Wasserschmecker" taugen.
Einst regierten die Burgherren das Allgäu. Unzählige Burgruinen im Allgäu sind Zeugen dieser Zeit. Die Burgruine Sulzberg wurde liebevoll restauriert, und Kinder werden hier zumindest im Urlaub zu kühnen Rittern.
Fünf Seen machen diese Region zum Bade- und Wassersportrevier des Allgäus – egal ob beim Segeln am Rottachsee oder beim Baden im Niedersonthofener See.
Allgäuer Seenland
Tel. 083 76 / 92 01 19, www.allgaeuer-seenland.de

WOHLTUENDE RUHE

Herrlich idyllisch, ganz in der Nähe des Allgäuer Kräuterdorfes Niedersonthofen, liegt unser Landhaus mitten im Landschaftsschutzgebiet. Einzigartig ist die Aussicht über den See hinein in die Allgäuer Bergwelt. Die Ruhe im und rund ums Haus gibt Ihren Gedanken wieder Raum und lässt Sie Kraft für den Alltag schöpfen. Lange Spaziergänge, ein Besuch im Kräutergarten, ein erfrischendes Bad im See oder eine wohltuende Kräuterölmassage garantieren ein ganzheitliches Urlaubserlebnis. Die Allgäuer Kräuter aus Wiese und Garten sind wertvolle Zutaten für Ihren ganz persönlichen Wellnessurlaub.
Herzlich willkommen!
Kräuterlandhaus Geratser Hof
Tel. 083 03 / 423, www.geratser-hof.de

BODENSTÄNDIG UND GEMÜTLICH

Natur entdecken – Ruhe erfahren – Gastlichkeit erleben. Willkommen im Sulzberger Hof in Sulzberg. Wir sind ein Familienbetrieb und haben uns dieses besondere Flair mit freundlichem, aufmerksamen Service und dem Blick fürs Detail erhalten – auf der Sonnenterrasse, im gemütlichen Restaurant, an der Bar und im Garten! Der Tag beginnt mit Vitaminen, zur Kaffee- und Tee-Time servieren wir Kuchen nach Großmutters Art. Am Abend: Genuss à la Allgäu – heimische Produkte, mit Können zubereitet. Ruhe und harmonische Augenblicke erleben Sie in unserer Sauna, nach einer wohltuenden Massage oder einem entspannenden Bad.
Sulzberger Hof, Tel. 083 76 / 92 13 30
www. sulzberger-hof.de

BEEINDRUCKENDE KULISSE

Wer einmal die atemberaubende Kulisse der Alpenlandschaft genossen hat, der kommt davon nie mehr los. Genießen Sie dieses Panorama, und kommen Sie in unser Hotel Sommerau. Wir bieten hübsche Zimmer im Landhausstil, mit Bad/WC, Kabelfernsehen, Telefon und Südbalkon mit Blick auf Kurpark und Moorweiher von Buchenberg. Direkt am Haus beginnen im Winter viele Loipen, im Sommer locken Rad- und Wanderwege, begeisterte Sportler kommen von nah und fern.
Serviert wird bei uns, was Felder, Wiesen und Wälder hergeben.
Landgasthof Sommerau
Tel. 08378 / 94093 0
www.landhaus-sommerau.de

WANDERN NACH HERZENSLUST

Die Allgäuer Urlaubsdörfer Halblech, Buching, Trauchgau liegen im Naturschutzgebiet Ammergebirge, eingebettet in ein weites Tal, mit einem spektakulären Panoramablick auf das Ammergebirge, die Allgäuer und Tiroler Alpen. Hier können Sie nach Herzenslust wandern und radeln – 1600 Kilometer ausgebaute Wege garantieren sicheres Radfahren und Wandern durch Berge, bunte Wiesen und sanfte Hügel. Vier malerische Seen laden zum Baden, Angeln, Surfen und oder einfach nur zum Relaxen ein. Schloss Neuschwanstein, die berühmte Wieskirche und Füssen sind nicht weit entfernt.
Gästeinformation Halblech, Tel. 08368/285, www.halblech.de

ERHOLUNG GARANTIERT

Der Heilklimatische Kurort und Kneippkurort Premium Class und WellVital-Ort Scheidegg liegt wunderschön auf einer Sonnenterrasse über dem Bodensee (1000 m). Wandern und Biken, mal kurz, mal lang, mal entspannt, mal anspruchsvoll – hier bei uns findet jeder die Panoramastrecken, die er mag. Der Nordic-Fitness-Sports-Park Westallgäu, das Scheidegger AlpenFreibad, Hochseilgarten, Indoor-Kletterhalle, Reptilienzoo, Käserei – Spannung und Erholung sind bei uns gleichermaßen garantiert.
Kurverwaltung Scheidegg
Tel. 08381/89555, www.scheidegg.de

ENTSPANNUNG MIT SUCHTGEFAHR

Sie fühlen sich ausgebrannt und suchen nach einem Ort, der Sie den Alltag vergessen lässt? Dort, wo sich wirklich „Fuchs und Hase ‚Gute Nacht' sagen", dort finden Sie unser Hotel Birgsauer Hof. Und den Ort, an dem Sie sich entspannen und wohl fühlen können.
Aber Vorsicht: Suchtgefahr!
Wir sind ein familiär geführtes Drei-Sterne-Hotel, zehn Kilometer außerhalb von Oberstdorf, mitten im Naturschutzgebiet gelegen. Unsere ansprechend eingerichteten Zimmer verfügen über Dusche/Badewanne, WC, TV, Telefon, Safe und gemütliche Sitzgelegenheit, zu einigen Zimmern gehören Balkon oder Terrasse.
Morgens erwartet Sie ein üppiges Frühstücksbuffet, abends unser Vier-Gänge-Halbpensionsmenü oder ein Essen à la carte. Zur ausgezeichneten heimischen Küche servieren wir gepflegte Weine aus unserem gut sortierten Keller.
Abgerundet wird unser Angebot durch unseren kleinen, aber feinen Wellnessbereich mit Hallenbad, Sauna, Physiotherm-Infrarotkabine, Solarium und Massagen.
Im Sommer können Sie bei uns Rad fahren (Fahrräder im Haus gegen Gebühr), wandern, bergsteigen und in Naturseen baden. Ebenfalls möglich: Nordic Walking, sommerrodeln, raften und vieles mehr. Im Winter fährt Sie der Skibus direkt zur zwei Kilometer entfernten Fellhornbahn und damit ins Skigebiet mit alpinen Strecken und Langlauf-Loipen.
Hotel Birgsauer Hof
Tel. 08322/96900, www.birgsauer-hof.de

OBERSTDORF – IMMER EINE REISE WERT

Sie möchten wandern? Dann sind Sie bei uns in Oberstdorf genau richtig. In einem Tal auf 815 Meter Höhe gelegen, ist Oberstdorf eine der attraktivsten Gemeinden Bayerns, umgeben von bis zu 2600 Meter hohen Bergen. Auf rund 200 Kilometer Wanderwegen erleben Sie eine abwechslungsreiche Landschaft mit Touren auf drei Höhenlagen und in jedem Schwierigkeitsgrad. Am Nebelhorn erwartet Wanderer ein einmaliges Panorama: Auf einen Blick können Sie 400 Gipfel bewundern.

Sie möchten den Schnee genießen? Auch dann sollten Sie nach Oberstdorf reisen. Schneesicherheit bis Anfang Mai, fünf Skigebiete mit 120 Kilometer alpinen Strecken und dank Deutschlands modernster Einseilumlaufbahn, der Fellhornbahn II, kaum Wartezeiten für Skiläufer. Pisten für Anfänger und Könner, Skischulen, 75 Kilometer Loipen – bei uns sind alle willkommen.

Touristinformation Oberstdorf
Tel. 08322/7000, www.oberstdorf.de

KREATIVER GENUSS

Das renommierte Vier-Sterne-Hotel Mohren bietet Ihnen alles, was Sie für die schönsten Tage im Jahr brauchen. Direkt am Marktplatz von Oberstdorf gelegen, ist unser Hotel der ideale Ausgangspunkt, um den Ort und seine Umgebung zu erkunden. Nur wenige Schritte und schon können Sie nach Herzenslust in der Fußgängerzone mit ihren kleinen Boutiquen bummeln. Sie möchten lieber sofort in die Natur? Einige Meter weiter beginnt bereits das grenzenlose Wandererlebnis. Sie wohnen bei uns in neu gestalteten Grand-Hotel-Zimmern, jedes ist wunderschön, behaglich eingerichtet und sehr geräumig. Im Restaurant Mohren sollten Sie sich auf keinen Fall die Allgäuer Heuküche entgehen lassen – jedes Gericht ist eine kulinarische Köstlichkeit.
Unser Tipp für Einsteiger: die Bergwiesenheusuppe. Ihren besonderen Geschmack und ihr einzigartiges Aroma verdanken die Speisen den Kräutern, Blumen und Gräsern von den Allgäuer Bergwiesen.
Bergbahnkarten gratis, freier Eintritt in die Oberstdorf Therme – wir haben Ihnen das ganze Jahr über einiges zu bieten. Dazu gehören z. B. urige Hüttenabende, spannende Schanzenführungen oder ein zünftiges Räuberessen im Mohren Gewölbeweinkeller. Neu in unserem Haus ist das Mohren-Kreativ-Atelier: Wer künstlerisch veranlagt ist, kann hier verschiedene Kurse belegen – malen, zeichnen, Collagen fertigen. Gutes Gelingen und viel Spaß!

Hotel Mohren
Tel. 08322/9120, www.hotel-mohren.de

PURES GLÜCK

Da, wo Deutschland am schönsten ist, finden Sie das neue Vier-Sterne-Hotel Oberstdorf: mitten in der überwältigenden Berglandschaft der Allgäuer Alpen. Wir bieten Ihnen ideale Voraussetzungen für einen Aktivurlaub oder einen Wellness-Aufenthalt. Ganz nach Ihren Vorstellungen wohnen Sie gemütlich und komfortabel in neu gestalteten Zimmern. Erholen Sie sich in der 800 qm Alpen Wellnesswelt mit Sauna-Alpe, Flachsbad, Steinbad, Mühlraddusche, Kneipp-Stein, Ruhe-Tenne mit Wasserbetten. Zusätzliches Plus: der ganzjährig beheizte Außen-Sole-Pool. Steigern Sie Ihr Wohlbefinden durch Kosmetikbehandlungen, Massagen oder Ayurveda-Anwendungen. Oder verbessern Sie Ihre körperliche Fitness unter ärztlicher Anleitung. Und wenn Sie nach einem Tag in der Natur zurückkehren, entspannen Sie am offenen Kamin und genießen Sie regionale Köstlichkeiten im Alpenrestaurant. Info-Abende über das Allgäu, geführte Wanderungen, urige Hüttenabende und mehr lassen keine Langeweile aufkommen.

Hotel Oberstdorf
Tel. 083 22 / 94 07 70, www.hotel-oberstdorf.de

LEBENSKULTUR DER BESONDEREN ART

Das Parkhotel Frank ist das einzige Fünf-Sterne-Hotel in Oberstdorf. Umrahmt von den Allgäuer Alpen liegt das Hotel am südlichen Ortsrand, inmitten einer 4000 qm großen Gartenanlage. Mit viel Fleiß und Enthusiasmus hat Familie Frank, in Zusammenarbeit mit ihrem motiviertem Team, ein Refugium ganzheitlichen Wohlbefindens geschaffen. Genießen Sie paradiesische Tage, tanken Sie neue Energie und erleben Sie Wohnkultur auf höchstem Niveau. Die mit Komfort und viel Liebe zum Detail ausgestatteten Zimmer laden zum Verweilen und Entspannen ein. Lassen Sie sich überraschen von zwölf einzigartigen Wohn(t)räumen im neuen Ostflügel. Oasen der Ruhe und des persönlichen Komforts. In den großen Zimmern und Suiten sorgen edle und natürliche Materialien für harmonischen Lebensgenuss. Luftig-leichtes Interieur und bodentiefe Fenster prägen die Einrichtung der neuen Zimmer. Erleben Sie erstklassige Wellness-Angebote in „Franks Thermen“, einer mediterranen, 1000 qm großen Wellnesslandschaft mit Schwimmbad, Saunabereich, Kosmetik, Massagen, Medical Wellness, Medical Beauty, Praxis für Naturheilverfahren, Aktivprogramm und vielem mehr. Franks feine Küche, der herzliche Service und die liebevolle Betreuung durch das ganze Team lassen den Aufenthalt zu einem unvergesslichen Erlebnis werden. Familie Frank und das gesamte Team freuen sich auf Sie!

Parkhotel Frank
Tel. 083 22 / 70 60, www.parkhotel-frank.de

MIT DEN BERGBAHNEN HOCH HINAUS

Die Oberstdorfer Bergwelt – das heißt 200 Kilometer Sommerwanderwege und 140 Kilometer präparierte Winterwanderwege auf drei Höhenlagen. Hinauf zur Fellhorn/Kanzelwand, zum Nebelhorn, Söllereck oder Walmendingerhorn kommen Sie täglich und ganz bequem mit unseren modernen Bergbahnen. Steigen Sie ein, und im Nu sind Sie und Ihre Familie im hochalpinen Berggebiet. Hier können Sie entspannt loslaufen oder einfach nur die traumhafte Rundumsicht genießen. Sie möchten die Bahnen unbegrenzt nutzen? Dann empfehlen wir Ihnen unser „Grenzenlos Wandern"-Paket. Bei der Buchung von Mai – November, ab drei Übernachtungen gibt es den Bergbahnpass bei vielen der Oberstdorfer Gastgeber gratis dazu.

Tourismus Oberstdorf
Tel. 083 22 / 70 00, www.oberstdorf.de

APPARTEMENTS MIT STIL

Mitten im Herzen von Oberstdorf liegt unser Refugium mit seiner einzigartigen und persönlichen Atmosphäre. Einst die alte Kurverwaltung, erwarten Sie dort heute vier Appartements der Extraklasse: Die Räume sind den vier Elementen Feuer, Wasser, Erde und Wind gewidmet. Bei uns finden Sie alles, was Sie für einen luxuriösen Urlaub benötigen: z. B. Parkettboden, Kaminofen, exklusiv und hochwertig ausgestattete Küchen und Bäder, z. T. mit Sauna, Flatscreen-TV, HighEnd-Musikanlagen und große Balkone für ein ausgiebiges Sonnenbad.

Am Alten Rathaus
Tel. 083 22 / 98 71 50
www.am-alten-rathaus.com

UNBESCHWERTER GENUSS

Sie bevorzugen Individualität und Eigenständigkeit? Dann sind Sie bei uns im Bergesgrün an der richtigen Adresse. Die großzügigen Appartements für zwei bis sechs Personen sind auf höchstem Niveau ausgestattet: Heimische Hölzer, warme Farben, Alpenpanorama, Garagen-Plätze, ein Aufbewahrungsraum für Skier (inkl. Schuhwärmer), Golfbags und Fahrräder – unverzichtbarer Luxus für den Urlaub. Morgens stellen wir Ihnen auf Wunsch einen Frühstückskorb mit Produkten aus der Region vor die Tür. Außerdem bieten wir: Pool, Sauna, Fitnessraum, Massagen, Raum- und Wäscheservice, Flughafentransfer und vieles mehr. Damit Sie die Tage leicht und unbeschwert genießen können.

Bergesgrün, Tel. 083 22 / 94 07 10
www.bergesgruen.de

GUTE GRÜNDE FÜR ALPSEE-GRÜNTEN

Natur, Kultur, Tradition, beeindruckende Orte und historische Städtchen – in der Ferienregion Alpsee-Grünten liegt alles dicht beieinander. Aus dem Hochtal Gunzesried-Blaichach kommt nicht nur der Allgäuer Bergkäse – dort werden alpwirtschaftliche Bräuche noch gelebt, auf Augenhöhe mit dem internationalen Naturpark Nagelfluhkette. Der Ort Burgberg und der 1738 Meter hohe Grünten sind zwei, die zusammengehören. Beeindruckend: das Freilichtmuseum zum Erzgrubenabbau, Stollenbesichtigung und Museumsdorf inklusive. Im historischen Immenstadt sind Bergbauernmuseum und Schloss ein Muss, in Rettenberg die barocken Dorfkirchen und zwei Privatbrauereien. Deutschlands südlichste Stadt, Sonthofen, präsentiert sich direkt vor der großen Kulisse des Naturschutzgebietes Allgäuer Hochalpen.

Ferienregion Alpsee-Grünten, www.alpsee-gruenten.de

BÄUERLICHE TRADITION ZUM ANFASSEN

Grüß Gott auf dem Bauernhof im Allgäu. Ein Erlebnis der unvergesslichen Art bieten Ihnen und Ihrer Familie unsere rund 600 Urlaubshöfe. Entdecken Sie das ursprüngliche Leben auf einem der traditionellen Bauernhöfe. Erleben Sie hautnah die sympathische bäuerliche Kultur und Tradition. Sahnige Milch und frische Eier, weiches Heu und duftendes Stroh, Kühe und Pferde, Hühner und Ziegen. Ihre Kinder werden begeistert sein. Scheuen Sie sich nicht, die Tiere zu streicheln, zu knuddeln und zu füttern. Schauen Sie zu beim Melken und Misten oder packen Sie, wenn Sie Lust haben, mit an. Sie können aber auch einfach einmal die Seele baumeln lassen und auf den unter dem Logo mit dem blauen Gockel zum „Allgäu-Bauernhofurlaub" vereinigten Höfen in unserer herrlichen Natur abschalten und neue Kräfte für den Alltag sammeln. Bei uns sind Sie herzlich willkommen. Wir freuen uns auf Sie !

www.allgaeu-urlaubaufdembauerhof.de

UNTERKÜNFTE MIT CHARME UND KLASSE

Wer bisher im Allgäu ein nettes Zimmer, eine hübsche Wohnung oder ein kleines Gasthaus suchte, musste dafür meist eine aufwändige Recherche betreiben. Das ist ab sofort nicht mehr notwendig. Unter dem Markenzeichen „Allgäu Gastgeber mit Herz" haben sich familiäre Privat- und Kleinvermieter sowie Pensionen und Gasthäuser mit bis zu 40 Zimmern zusammengeschlossen. Auf ihrer Online-Plattform präsentieren sich ausschließlich Unterkünfte mit anerkannter Sterne-Klassifizierung. Künftig können Sie sich also nicht nur schnell einen Überblick über Angebote ganz nach Ihren Vorlieben verschaffen. Besonders anspruchsvolle Anbieter sind zusätzlich mit der goldenen Qualitätsmarke „Unsere Besten" ausgezeichnet. Diese Top-Gastgeber geben ein klares Qualitätsversprechen ab. Dazu gehört eine besonders hochwertige bis erstklassige Ausstattung und die Möglichkeit der individuellen Urlaubsgestaltung. Mit dieser Kategorie bieten wir also eine Entscheidungshilfe für Reisende mit besonderen Erwartungen. Eines aber gilt für alle – die „Allgäu Gastgeber mit Herz" stehen für eine Atmosphäre voller Herzlichkeit und Gemütlichkeit in einem familiären Rahmen. Blumenschmuck an den malerischen Häusern, regionale Spezialitäten in der Küche, ringsum ursprüngliche Natur – das ist Allgäu pur.

Allgäu UrlaubPrivat, www.allgaeu-gastgebermitherz.de
Nachfolgend eine kleine Auswahl „Unserer Besten"

DER GESUNDHEIT GUTES GÖNNEN

Bio und Luxus – zwei Dinge, die sich wunderbar vereinbaren lassen. Das können Sie auf unserem neu erbauten Fünf-Sterne-Ferien- und Wellnesshof Blenk in Wertach erleben. Befreien Sie Ihren Körper und Geist von den harten Anforderungen des Alltags inmitten der Natur. Sie wohnen bei uns in herrlichen, komplett ausgestatteten Ferienwohnungen der gehobenen Klasse. Starten Sie den Tag entspannt mit unserem exklusiven Frühstücksbuffet. Und anschließend pflegen Sie Ihre Gesundheit: Wir bieten verschiedene Kneippanwendungen, eine großzügige Wellnessoase mit Saunen, Pools, Massagepraxis sowie einen hauseigenen Naturschwimmteich. Wir freuen uns auf Ihren Besuch!

Wellnesshof Blenk, Tel. 083 65 / 70 36 87
www.wellnesshof-blenk.de

TRAUMHAFTER AUSBLICK

Erleben Sie traumhafte, unvergessliche Urlaubstage in unserem familiär geführten Landhaus. Hoch über dem Hopfensee gelegen, bietet sich Ihnen hier ein traumhafter Ausblick in die weite Natur. Die Zimmer und Wohnungen im Allgäuer Landhausstil – zum Teil mit antiken Bauernmöbeln ausgestattet – sind genau die richtige Adresse für Erholungssuchende, Familien mit Kindern und sportlich aktive Gäste. Egal, ob im Sommer oder im Winter: Bei uns beginnt die Erholung direkt vor der Haustür.

Ferien- und Landhaus Berger
Tel. 083 62 / 94 12 88
www.berger-ferienhaus.com

TRADITION UND VIEL AMBIENTE

Allgäuer Tradition, Gemütlichkeit, Stil und viel Ambiente – dafür steht die Pension Hochvogel in Bad Hindelang. Unsere Zimmer und Appartements spiegeln den Charme des alpenländischen Stils wieder und zeichnen sich durch höchsten Komfort aus. Wir sind sicher: Sie werden sich bei uns wohlfühlen. Die gemütlichen Hochvogelstuben mit Kachelofen laden ein zum Verweilen. Schöne Stunden genießen Sie auf unseren Sonnenterrassen und Balkonen mit herrlichem Bergblick. Wir verwöhnen Sie mit kulinarischen Allgäuer Spezialitäten und Leckereien nach Familienrezepten. Auch unser Frühstücksbuffet mit hausgemachter Marmelade und regionalen Produkten lässt keine Wünsche offen.
Pension Hochvogel, Tel. 083 24 / 28 49
www.pension-hochvogel.de

MIT SINN FÜR STIL

Naturwellness in traumhafter Hochtallage. Spüren Sie den Duft unserer Heil- und Gewürzkräuter, genießen Sie jeden Tag ein tolles Frühstück sowie unsere Gesundheits- und Schönheitsangebote. Ein Stück Lebensqualität! Raum zum Wohlfühlen! Kleiner, feiner Bergbauernhof. Traumurlaub mitten im Ski- und Bergwanderparadies Gunzesrieder-Tal. Ein Ferienhof der Spitzenklasse.
Es gibt Anlässe, sich mit herzlicher Gastfreundschaft verwöhnen zu lassen.
Landhaus Waibelhof
Tel. 083 21 / 45 80
www.waibelhof.de

RUNDUM SERVICE

Unser familiengeführtes Landhaus Schenk liegt in ruhiger Südhanglage am Ortsrand von Bad Hindelang mit freiem Bergblick. Dort bieten wir Ihnen ein erholsames, gesundes und allergikerfreundliches Umfeld. Wir sind ein komplettes Nichtraucherhaus.
Die meisten unserer voll ausgestatteten Appartements im Allgäuer Landhausstil verfügen über Südbalkon oder Terrasse. Sauna, Dampfbad, Fitness, Solarium, Spielplatz, Liegewiese, Waschmaschine und Trockner, Brötchenservice oder Frühstück runden das Angebot ab.
Landhaus Schenk, Tel. 083 24 / 931 30
www.landhaus-schenk.de

HERZLICH WILLKOMMEN

Verbringen Sie die schönsten Tage des Jahres in einem traditionsreichen Allgäuer Bauernhaus inmitten traumhafter Natur. Wir – die Familie Albert Jörg in Rettenberg-Rottach – bieten Ihnen zwei urgemütliche, liebevoll eingerichtete Vier-Sterne-Ferienwohnungen mit zwei und drei separaten Schlafzimmern, Bad, Wohnküche und Wohnzimmer mit Sat-TV und Internetzugang. Gemeinsam nutzen Sie den sonnigen Freizeitraum mit Tischtennisplatte, Tisch-Kicker, Spielzeug für die Kleinen, Getränkeservice und unseren großen Garten mit überdachter Sitzgelegenheit, Grill, Liegestühlen und Spielgeräten.
Sie merken: Kinder (und Hunde) sind willkommen. Wir freuen uns auf Sie!
Landhaus Jörg, Tel. 083 79 / 875
www.landhaus-joerg.de

IDYLLISCHE DORFLAGE

Sie lieben die Ruhe? Sie mögen es, wenn Sie die Vögel zwitschern hören? Dann besuchen Sie uns in Oberstdorf und buchen Sie eine unserer Vier-Sterne-Nichtraucherwohnungen. Hier können Sie Ihre Urlaubstage sorgenfrei genießen. Wir bieten Ihnen eine behagliche und gleichzeitig moderne Ausstattung, separate Schlafzimmer und den Blick auf die malerische Kulisse der Allgäuer Alpen. Großzügige Südbalkone laden zum Sonnenbad ein, Parkplätze finden Sie direkt am Haus. Zahlreiche Wanderwege oder Loipen im Winter liegen in der Nähe. Wer das eigene Auto nicht benutzen mag, findet eine Bushaltestelle um die Ecke.
Ferienwohnungen Birgitt Schraudolf
Tel. 083 22 / 49 06, www.schraudolf.de

UNGEZWUNGENE STIMMUNG

In unserem Landhaus Charivari auf 800 Meter Höhe, ruhig gelegen am Ortsrand von Bolsterlang, erwartet Sie eine ungezwungene und herzliche Atmosphäre. Die geschmackvoll eingerichteten Ferienwohnungen haben Balkon oder Terrasse, teilweise einen Kamin. Zum Angebot gehören Sauna, Solarium und Infrarotsessel. Spezialitäten-Büffets sorgen in unserer gemütlichen Gaststube für Abwechslung. Wanderwege und gespurte Loipen beginnen direkt am Haus, Lifte sind zu Fuß erreichbar, Golfplätze liegen in der Nähe.
Landhaus Charivari
Tel. 083 26 / 360 00
www.charivari-ferienwohnungen.de

SCHÖNE BETTEN, SCHÖNE FERIEN!

Für Wellnessfreaks und alle Genießer: In unseren 77 klassifizierten Top & LandHotels finden Sie Service und Komfort auf hohem Niveau bei attraktivem Preis-Leistungs-Verhältnis.
AllgäuTop&LandHotels, Tel. 0800/2573678, www.allgaeuhotels.info

ECHT TRAUMHAFT

Am Ufer des Mühlbachs in Fischen im Allgäu liegt unser Parkhotel Burgmühle, ausgezeichnet vom Deutschen Wellness Verband als Top-Adresse in Sachen Beauty, Wellness, Spa, Sport und Meditation. Wir präsentieren Ihnen rund 1400 Quadratmeter zum Wohlfühlen, mit allem, wonach Körper und Sinne sich sehnen: Erlebnispool mit Wasserfall, Whirlpools, Gegenstromanlage, Saunen und Aromabäder, römisches Tepidarium, Massagepavillons und Ruhezonen. Kurz: eine Traumwelt aus Wasser, Wärme, Licht und Duft. Sie entscheiden, was Ihnen gut tut.
Unser Team berät Sie freundlich und kompetent. Gönnen Sie (sich und) Ihrer Haut einmal etwas ganz Besonderes – wir verwenden nur kostbarste Kosmetikprodukte von Alpienne, Sothys Paris und Ligne St. Barth.
Und wenn Sie dann hinaus möchten in die Natur, bietet sich eine Fülle von Gelegenheiten, aktiv zu werden: Wandern – zwischen Mai und Oktober können unsere Gäste die Bergbahnen gratis nutzen – Nordic Walking, Biken, im Winter Ski- und Skilanglauf. Nur zwei Autominuten vom Hotel entfernt liegt das wunderschöne Golfresort Oberallgäu mit zwei 18-Loch-Plätzen und einem 9-Loch-Platz. Spezielle Arrangements, gemütliche Suiten und Komfortzimmer sowie die Gaumenfreuden aus der hervorragenden Wellnessküche (für Allergiker geeignet) machen aus abwechslungsreichen Urlaubstagen unvergessliche Glücksmomente.
Parkhotel Burgmühle, Tel. 08326/9950
www.parkhotel-burgmuehle.de

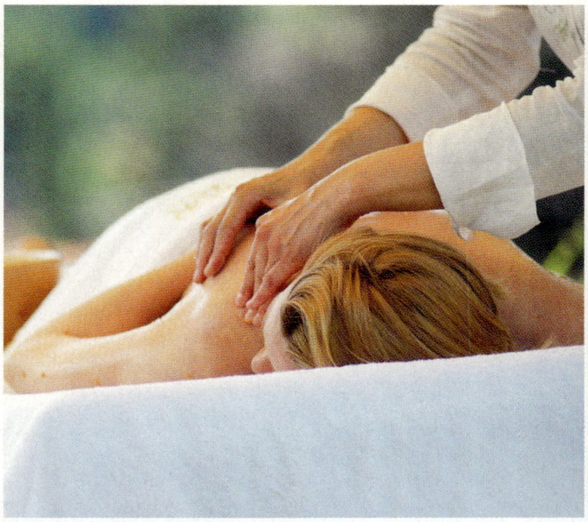

KÖRPER UND SEELE VERWÖHNEN

Dass man in Oberstaufen, bekannt als Heimat der Schrothkur, auch internationales Flair sowie zu jeder Jahreszeit Aktivität, Erholung und Ruhe ideal kombinieren kann, beweist die im Allgäu liegende Wohlfühloase Rosenalp. Das persönlich geführte Vier-Sterne-Superior-Haus bietet Ihnen einen hervorragenden Service und eine ausgiebige Gastfreundschaft. Inmitten der schönsten und größten Parkanlage Oberstaufens mit malerischen Ausblick auf die Allgäuer Alpen findet man hier garantiert Entspannung und Wohlbefinden – und das, noch ehe man den Bereich zu Schwimmbad und Saunalandschaft überhaupt betreten hat.
Die durchdachte Philosophie der Rosenalp gründet sich auf fünf Hauptsäulen, die wichtigsten Eckpfeiler eines rundum befriedigenden Urlaubserlebnisses. „Wohnen und Genuss" bildet die erste Einheit. Als Basis dafür, sich rundherum wohl zu fühlen, bieten die hellen und geräumigen Zimmer alles, damit den Gästen die Decke – auch bei Schlechtwetter – nicht auf den Kopf fällt. Die zweite Säule besteht aus den Themen „Gesundheit und Schrothkur". Nicht nur Gäste für Heilbehandlungen können hier an Ihrem Wohlergehen arbeiten, im hauseigenen Zentrum für Ihr persönliches Wohlbefinden berät Kurärztin Dr. Cornelia Muhr-Brand gerne in allen gesundheitlichen Fragen. Wer Streicheleinheiten sucht, ist in dieser anspruchsvollen Umgebung richtig. „Regeneration und Wellness" nehmen als dritte Thematik einen wichtigen Teil des Urlaubs ein, ohne aber den vierten Hauptpunkt zu vergessen „Fit and Fun". Für verschiedene Outdoor-Abenteuer ist das Hotel idealer Ausgangspunkt – Sommer wie Winter.
Im Hotel selbst findet sich ein High-Tech-Gym oder aber auch die Möglichkeit, ein Personal Training in Anspruch zu nehmen. Schwimmbäder, Solarium und Saunawelt locken zum anschließenden Relaxen in reizvoller Atmosphäre. Die erst kürzlich neu eröffnete Beautywelt bietet nun alles, wovon Frau, aber auch Mann, träumen. Umfangreiche Spa- und Schönheitsprogramme mit erlesenen und namhaften Produkten streicheln Körper und Seele. Aus dem Alltag ausbrechen ist gleichermaßen das Stichwort für die fünfte Säule „Natur und Lifestyle". Die Umgebung im südlichsten Teil Deutschlands eröffnet die Möglichkeit unzähliger Ausflüge und Erkundungen. Gäste der Rosenalp werden erstaunt sein, was es alles zu entdecken gibt. Internationalität und Lifestyle reizen in Oberstaufen all jene, die sich ins Nachtleben stürzen wollen. Ein verschlafenes Nest finden die Gäste dieser Urlaubsregion nämlich nicht vor. Nehmen Sie in Anspruch, was dieses Hotel alles zu bieten hat und fühlen Sie den Spirit dieser Region.

Wellness- & Sporthotel Allgäuer Rosenalp
Tel. 083 26 / 70 60, www.rosenalp.de

TRÄUMEN **ÜBER'M TAL**

Gönnen Sie sich einen grandiosen Panoramablick auf dem schönsten Logenplatz im Allgäu; in der familiären Atmosphäre unseres traditionsreichen First-Class-Hotels. Genießen Sie liebevollen Service, ausgezeichnete regionale bzw. mediterrane Küche, anregende Stunden in der „Alpin-Sicht-Bar" mit uriger Vinothek, gemütlicher Bibliothek und großzügige Komfortzimmer im Landhausstil. Pures Wohlbefinden verheißt der große Wellnessbereich mit Blick übers Illertal: zwei terrassenförmig angelegte Panorama-Schwimmbecken (8 x 14 m / 28 °C), Whirlpoolbad (4 x 10 m / 32 °C), Infrarotkabinen, Erlebnis-Saunadorf „Alpinarium" mit Kuhstallsauna, Hüttenkräutersauna, Felsgrotten-Dampfbad, Allgäuer Wärmestube, Bachlauftretbecken, Ruheraum und all das mit phantastischem Blick übers Illertal.
Allgäu – das heißt auch Milch, Käse, Butter. Deshalb finden Sie bei uns im Tanneck jetzt ein Wellness-Schlaraffenland rund um diese Naturprodukte: die erste originale Allgäuer Milchwell®. Ob medizinische Massagen oder Peelings, Handbad oder Körperpackungen – die Zutaten dafür sind Milch, Buttermilch, Sahne, Joghurt, Quark und Bergkräuter. In der Biosauna duftet es nach Milch und Honig, die finnische Sauna ist einem Kuhstall nachempfunden, das Dampfbad wird zur Allgäuer Berghöhle, und in der Dusche tönt ein Alphorn. Besuchen Sie uns. Wir heißen Sie herzlich bei uns willkommen.
AllgäuHotel Tanneck – Träumen über'm Tal
Tel. 08326/9990, www.hotel-tanneck.de

FAMILIENURLAUB PERFEKT

Erholung für Groß und Klein – das bietet Ihnen und Ihren Kindern das Familotel Allgäuer Berghof, auf 1200 m Höhe mitten im Naturschutzgebiet oberhalb von Sonthofen gelegen. Ein ganzer Berg steht unseren Gästen zur Verfügung. Im Winter können Sie ab der Haustür Ski fahren, im Sommer auf kinderwagengerechten Wegen wandern. Unser Haus ist konsequent auf die Bedürfnisse von Familien mit Kindern aller Altersgruppen ausgerichtet. Große Familienzimmer, individuell gestaltete Appartements und Suiten gehören genauso dazu wie eine liebevolle Kinderbetreuung bereits ab dem Babyalter und Animation für die Größeren. Während der deutschen Ferienzeiten begleitet zusätzlich ein eigener Guide die Teens. Verschiedene Spielzimmer und -plätze, ein neuer Wasserspielplatz, eine Bobbycar-Rennstrecke, und das alles bequem von der Sonnenterrasse aus zu beobachten – das sind nur einige unserer Highlights für die Kids. Ponyreiten oder Ausritte auf Haflingern, Schwimmbad, Rutsche und Babypool, aber auch Saunen und wohltuende Wellness-Angebote für gestresste Mütter und Väter sind Teil unseres Urlaubs-Programms.
Dank unseres hauseigenen Babyphons können Sie Ihre Kinder ins Bett bringen und noch einmal zurückkehren auf die Terrasse, an den Kamin oder die Hausbar. Genießen Sie Ihren Aufenthalt. Große und Kleine werden zufrieden sein.
Familotel Allgäuer Berghof
Tel. 08321/8060, www.allgaeuer-berghof.de

FERIENTAGE FÜR ALLE SINNE

Am Fuß der Allgäuer Alpen liegt eine wahre Perle für Golffreunde und Genießer: die Sonnenalp in Ofterschwang. Das familiengeführte, luxuriöse Hotel & Resort verwöhnt Sie mit exquisiter Küche und einem 45-Loch-Golfresort direkt vor der Haustür. Wir bieten unseren Gästen Ruhe und Exklusivität auf der Sonnenalp, denn das Hotel & Resort ist ausschließlich ihnen vorbehalten. Viele Stammgäste schätzen die private Atmosphäre, in der sie ungestört die Seele baumeln lassen können. Alpines Flair und höchster Komfort prägen das gesamte Haus und setzen sich auch in den großzügigen Zimmern und Appartements fort. Für Erholung pur sorgt der stilvolle Wellness-Bereich „Rainbow Spa & Garden" mit dem Bade-Areal „Quellengarten" auf insgesamt 5000 qm. Nur 500 Meter von der Sonnenalp entfernt finden Golfer außerdem einen der reizvollsten Alpenkurse Deutschlands: das 45-Loch-Golfresort Sonnenalp-Oberallgäu (www.golf-resort-oberallgaeu.de). Und auch für Familien ist die Sonnenalp ideal, denn auf die jungen Gäste wartet ein abwechslungsreiches Kinder- und Jugendprogramm. Der hoteleigene Reiterhof (12 Island-Pferde) rundet das Angebot ab. Im Winter finden Sie schneesicheres Skivergnügen direkt vor der Haustür in Deutschlands größter Skiregion. Durch das umfangreiche Freizeitangebot lassen sich Aktiv- und Wohlfühlurlaub im Hotel & Resort Sonnenalp bestens miteinander kombinieren.

TOPLAGE UND EXZELLENTER SERVICE

Ob im stilvollen Panoramarestaurant, im Ruheraum des „Kristallgarten" oder auf der Sonnenterrasse – im „Bergkristall Wellnesshotel" blicken Sie stets auf die faszinierende und imposante Allgäuer Bergwelt. Entspannen Sie in den herrlichen Ruheräumen, tanken Sie Energie bei einer alpenländischen Anwendung, oder gönnen Sie sich ein schwereloses Badevergnügen in der Softpackliege. Kulinarisches aus frischen, regionalen Produkten, auch nach der Ernährungsmethode Montignac, verwöhnt den Gaumen. Wander- und Mountainbikerouten, Golfplätze, nahe Wintersportgebiete und tolle Ausflugsziele im Herzen des Allgäus machen Ihren Aufenthalt perfekt. Übrigens: Wer bei uns zu Gast ist, für den sind viele Attraktionen der Region im Zimmerpreis enthalten: gratis golfen, gratis Bergbahnen nutzen, gratis Ski fahren, gratis parken oder Bus fahren! Sie möchten sich bereits vor der Anreise ein besonderes Mountainbike oder Tickets für die Bregenzer Festspiele sichern? Kontaktieren Sie einfach den Bergkristall-Reisebutler. Er erfüllt Ihnen gerne Ihre Wünsche.

KOMPETENZ IN MEDICAL WELLNESS

Das SCHÜLE'S liegt in bester Lage von Oberstdorf, mit freiem Blick auf die Alpen. Nobler Komfort und stilvolles Ambiente verbinden sich in SCHÜLE'S Gesundheitsresort & Spa mit First-Class-Service. Alle Zimmer sind elegant und exklusiv eingerichtet. Der 2200 qm große Wellnesspark mit Hallenbad, Solegrotte, Tepidarium, Sauna und Dampfbad lädt zum Entspannen ein. Ein umfassendes medizinisches Angebot, modernste Therapie- und Diagnosetechnik, zwei Fachärzte und ein Therapeuten-Team helfen Ihnen auf dem Weg zu einem bewussten Lebensstil. Medical Wellness ist hier Ziel und Programm.
SCHÜLE'S Gesundheitsresort & Spa
Tel. 8322 / 70 10, www.schueles.com

ELEGANT UND STILVOLL

Im Hanusel Hof in Weitnau-Hellengerst warten auf unsere Gäste 24 elegant gestaltete Zimmer in gehobenem alpenländischen Stil. Das neue Hotel liegt direkt an der hauseigenen 18-Loch-Golfanlage und ist mit einem wunderschönen Wellnessbereich ausgestattet. Für alle, die bei uns keinen Urlaub machen, sondern arbeiten müssen, bieten wir modern ausgestattete Seminarräume. Höchstes gastronomisches Niveau, gepaart mit der Herzlichkeit eines typischen Allgäuer Familienbetriebes – heute, morgen und in Zukunft.
Hanusel Hof, Tel. 083 78 / 920 00, www.hanusel-hof.de

HERZLICH WILLKOMMEN

Bei uns im Landhotel Adler in Martinszell fängt das Allgäu an, nur einen Kuhsprung entfernt von Kempten, der ältesten Stadt Deutschlands. Entspannen Sie in traditionellen Gemäuern mit all den modernen Annehmlichkeiten, die ein Haus von heute bieten sollte. Durch unsere zentrale Lage erreichen Sie alle Sehenswürdigkeiten des Allgäus in nur kurzer Zeit, wie z. B die Insel Mainau am Bodensee, die berühmten Königsschlösser oder verschiedene Wintersportorte.
Lassen Sie es sich einfach gut gehen bei uns, und genießen Sie unsere Allgäuer Schmankerl. Wir kochen für Sie mit erstklassigen Produkten aus der Region, mit viel frischem Gemüse und Kräutern, immer ganz nahe an der Saison.
Landhotel Adler, Tel. 083 79 / 92 07 00
www.adler-martinszell.de

BESTE ZUTATEN

Weite Blicke – enge Täler und markante Berge. Pulsierende Sportarten – beruhigende Natur. Klarheit – Emotionen zu jeder Jahreszeit. Unser Ambiente – stilvoller und relaxter Chic. Unsere Küche – leicht und bekömmlich, vegetarisch und herzhaft. Unser Service – Umsorgen mit professioneller Leichtigkeit. Unsere Gastfreundschaft – liebenswürdig, beflügelnd und vertraut. Die Schönheit der Allgäuer Berge, die Top-Lage im charmanten Fischen – kurz: die besten Zutaten für gelungene Entspannung.
Hotel Rosenstock
Tel. 083 26 / 36 45 60
www.hotel-rosenstock.de

BERGIDYLLE UND ALPHORN-KURS

Bei uns im Berghotel Mattlihaus in Oberjoch gibt es sie noch – die echte Bergidylle. Atmen Sie tief durch in der besten Alpenluft Deutschlands, auf 1200 Höhenmetern. Genießen Sie es, bei uns Gast zu sein, lassen Sie sich verwöhnen und erleben Sie herrliche Urlaubstage auf unserer „autofreien Ferieninsel" mitten im Wandergebiet. Starten Sie direkt vor der Hoteltür zu den schönsten Wanderungen oder Ausflügen zu den umliegenden Königsschlössern, nach Füssen oder Oberstdorf, ins Tannheimer Tal, zum Vilsalpsee oder zum Shopping nach Kempten. Oder was halten Sie von einem aufregenden Alphorn-Schnupperkurs mit dem Hausherrn? Versuchen Sie es ruhig einmal!
Berghotel Mattlihaus
Tel. 083 24 / 98 02 89, www.mattlihaus.de

700 JAHRE STADTGESCHICHTE

Füssen im Allgäu – der weltweit bekannte Urlaubs- und Kurort am südlichen Ende der „Romantischen Straße" wird eingerahmt von imposanten Hochgebirgsgipfeln, sanften Hügeln und mehr als zehn Seen. Der Allgäuer Königswinkel gilt als eine der schönsten bayerischen Urlaubsregionen. Radfans finden bei uns gut beschilderte Touren, von der Genuss-Runde durchs Voralpenland bis zum knackigen Mountainbike-Trail im Gebirge. Für Wanderer bietet die Region Routen in allen Höhenlagen. Kletterer, Nordicwalker, Reiter, Golfer, Drachenflieger kommen hier genauso auf ihre Kosten wie Wassersportler, Angler und Winterurlauber. Die Füssener Altstadt lädt zum Bummeln und Entdecken ein. Mittelalterliche Gassen, hohe gotische Bürgerhäuser, die alte Stadtmauer und prächtige Barockkirchen sind Zeugen der mehr als siebenhundertjährigen Stadtgeschichte. Besuchen Sie auch das Museum der Stadt Füssen – es liegt in der imposanten barocken Vierflügelanlage des früheren Benediktinerklosters St. Mang. Eine der europaweit schönsten Sammlungen historischer Musikinstrumente erinnert an die Bedeutung der Stadt als Wiege des europäischen Lautenbaus und als Geigenzentrum im 18. Jahrhundert. Auf einem Bergsporn über der Altstadt erhebt sich das Hohe Schloss mit seinen sehenswerten spätmittelalterlichen Illusionsmalereien. In den bischöflichen Wohnräumen zeigt heute eine Filialgalerie der Bayerischen Staatsgemäldesammlungen Kunst aus Spätgotik und Renaissance.

Mit seinen Ortsteilen Füssen Stadt, Bad Faulenbach, Hopfen am See und Weißensee ist Füssen heute ein gefragter Kurort und gehört zur exklusiven Familie der deutschlandweit nur elf „Kneipp Premium Class"-Orte.

Füssen Tourismus und Marketing
Tel. 083 62 / 938 50, www.fuessen.de

IMPOSANTE NATUR UND KULTUR

Die Gesamtgemeinde Altusried mit ihren Dörfern Frauenzell, Muthmannshofen, Kimratshofen und Krugzell ist mit 92 Quadratkilometern ein Urlaubsgebiet für sich! Von den Illerauen bis zu den Höhen der eiszeitlichen Moränenhügel erstreckt sich eine abwechslungsreiche Landschaft: Täler und Höhen, bunte Wiesen und grüne Wälder, eine Augenweide das ganze Jahr über.
Am „Illersteilufer" treffen starre Gesteinsmassen und fließendes Wasser aufeinander. Der canyonartige Zuschnitt hat über Jahrhunderte ein Steilufer geschaffen, in dessen Schichten wertvolle Fossilien entdeckt wurden, die Auskunft über die geologische Struktur dieses Landstriches geben. Machen Sie eine Wanderung vom Steilufer aus, über Waldwege und Treppenstufen hinab zur Iller und lassen Sie die faszinierende Natur auf sich wirken.
Bäuerliche Tradition erleben Sie hautnah auf unseren Urlaubshöfen. Ihre Kinder erfahren, wo die Milch herkommt und finden Tiere zum Liebhaben. Und wer einmal den Duft saftiger Bergwiesen geschnuppert hat, weiß, warum bei uns Milch, Butter und Käse besser schmecken.
„Kultur pur" verspricht die „Allgäuer Freilichtbühne" mit ihren 2500 überdachten Sitzplätzen – ein architektonisches Schmuckstück in europaweit einzigartiger Holzbauweise. Die Bühne gehört zu den größten und schönsten in ganz Deutschland. Absolutes Highlight: die alle drei bis vier Jahre stattfindenden Freilichtspiele mit Klassikern wie „Andreas Hofer", „Götz von Berlichingen", „Anno 1525 – Bauernkrieg im Allgäu", „Wilhelm Tell" oder auch „Die Jungfrau von Orleans". Volksmusik, Musicals, Oper und Operette – Altusried bietet auch allen Muskikfreunden ungetrübten Hörgenuss.
Sie mögen es gesellig? Dann feiern Sie mit uns. Der Jahresreigen spannt sich von Dreikönig über die Fastnacht, dem Dorffest um den Maibaum, Folklore- und Trachtenfeste, Konzerte der Musikkapellen und Märkte. Einheimische und Urlauber sind gleichermaßen willkommen. Auch sportlich ambitionierte Gäste kommen in Altusried auf ihre Kosten: Schwimmen, Beachvolleyball, Reiten, Tennis, Stockschießen, Bogenschießen, Kegeln, Rad fahren. Also, Altusried lohnt sich, wir freuen uns auf Sie!
Kultur- und Verkehrsamt Altusried
Tel. 083 73 / 70 51, www.altusried.de

HISTORISCHER CHARME

Die Kaufbeurer Altstadt mit ihren idyllischen Gassen, prachtvollen Bürgerhäusern, mittelalterlichen Türmen, Sehenswürdigkeiten und Einkaufs- und Einkehrmöglichkeiten lädt Sie zum Besuch ein. Im Sommer steigt das Tänzelfest – Bayerns ältestes historisches Kinderfest. Über 1600 Kinder spielen in historischen Gewändern die Stadtgeschichte nach. Zu Weihnachten ist der weltgrößte Adventskranz zu bestaunen. Erkunden Sie die Stadt der hl. Crescentia – der ersten deutschen Heiligen des 3. Jahrtausends. Die Schriftsteller Ludwig Ganghofer, Sophie von La Roche und Hans Magnus Enzensberger stammen von hier. Im Stadtteil Neugablonz können Sie Glas- und Schmuckwaren sehen und direkt beim Hersteller kaufen.
Kaufbeuren bietet sich auf Grund der günstigen Lage für Ihren Allgäu-Urlaub an. Von hier aus sind Sie schnell in München und in den Allgäuer Alpen. Nah ist es für König-Ludwig-Freunde zum Festspielhaus in Füssen oder zu den weltberühmten Königsschlössern nach Schwangau.
Kaufbeuren Tourismus- und Stadtmarketing e.V.
Tel. 08341/40405, www.kaufbeuren-marketing.de

KEMPTEN 2000 JAHRE JUNG

Die Stadt Kempten, einst Römerstadt mit dem Namen Cambodunum, blickt auf eine 2000-jährige Geschichte zurück. Faszinierende Einblicke bieten der Archäologische Park Cambodunum, die fürstäbtlichen Prunkräume oder die Basilika St. Lorenz. Aber auch das Allgäu-Museum und das Alpinmuseum ermöglichen eine spannende Tour durch Kunst und Kultur. Sie machen Geschichte lebendig und nachvollziehbar.
Einkaufen macht Spaß in Kempten: Zahlreiche kleine Boutiquen, aber auch große Einkaufszentren laden zum Bummeln ein. Für kulinarische Pausen finden Sie eine Menge Restaurants und Bistros, kleine Cafés und nette Kneipen. An lauen Sommerabenden erinnert der Kemptener Rathausplatz an eine italienische Piazza mit viel Atmosphäre und Stimmung. Im Winter bietet er die ideale Kulisse für einen romantischen Weihnachtsmarkt. Erleben Sie die Metropole des Allgäus doch einmal bei einer geführten Tour – z.B. die klassische Stadtführung durch die historische Reichs- und Stiftsstadt. Krimifans werden ihre Freude bei einem Rundgang mit „Kommissar Kluftinger" haben. Die Romanfigur aus der Allgäu-Krimi-Serie der Autoren Michael Kobr und Volker Klüpfel führt Sie an die Schauplätze der Verbrechen in Kempten. Zitate aus den beliebten Romanen inklusive.
Tourist Information Kempten
Tel. 0831/2525237
www.kempten.de

SCHÖNER URLAUB GANZ NAH

Allgäu

Sie möchten sich und Ihren Körper im Urlaub verwöhnen lassen? Sie lieben es eher aktiv? Vater, Mutter und Kinder sollen gleichermaßen zufrieden genießen. Historische Städte und Kultur gehören für Sie dazu. Bei uns im Allgäu bieten wir Ihnen all dieses. Und wir machen Ihnen die Urlaubsplanung leicht. Die Allgäu Marketing GmbH präsentiert jährlich neue Broschüren zu den Themen Wellness & Gesundheit, Familien, Naturerlebnis mit Wandern, Radeln und Golf, Allgäuer Städte, MusikHochGenuss sowie einen Allgäu Guide. Einen Katalog veröffentlichen auch die 77 Allgäu Top&LandHotels, alle klassifiziert, privat geführt und mehr von all dem, was Urlaub so wunderbar belebend, herzerfrischend und sinngebend macht. Sie können alle Prospekte unter unserer Servicenummer (kostenlos) telefonisch oder online kostenfrei bestellen.

Urlaubsregion Allgäu, Allgäuer Straße 1, 87435 Kempten, info@allgaeu.info www.allgaeu.info, Allgäu Top&LandHotels, www.allgaeuhotels.info, Tel. 0800 / 257 36 78

WELTKLASSE KULTUR

Neun Festivals in 2009 – das ist MusikHochGenuss im Allgäu. 400 Veranstaltungen an 100 Schauplätzen vor der prachtvollen Kulisse von Schlössern, Kirchen und Klöstern, Barockbauten und Berggipfeln – die grandiose Landschaft des Allgäus verschmilzt mit der Kultur zu einer stimmungsvollen Symbiose. Nachwuchs-Stars und große Meister, Alte Musik und avantgardistischer Jazz – MusikHochGenuss bietet für jeden das Richtige. Infos unter www.allgaeu-festival.de, Tel. 01805 / 12 70 00

Anreise leicht gemacht...

...mit dem PKW: Zwei Autobahnen verlaufen durch das Allgäu: die A7 von Ulm nach Füssen und die A 96 von Memmingen nach München. Infos unter www.map24.de

...mit dem Flugzeug: Direktflüge von Hamburg, Berlin und Köln mit TUIfly zum Allgäu Airport Memmingen oder über die Flughäfen Stuttgart, München und Friedrichshafen

...mit der Bahn: Aus dem ganzen Bundesgebiet reisen Sie bequem mit der Bahn ins Allgäu. Schnell und komfortabel geht es von München auch mit dem Allgäu Express (ALEX) nach Oberstdorf.

ENTFERNUNGEN NACH KEMPTEN IM ALLGÄU

Hamburg 770 km	**Zürich 200 km**
Berlin 700 km	**Salzburg 450 km**
Köln 600 km	**Amsterdam 800 km**
Frankfurt /Main 380 km	**Brüssel 700 km**

Dieses Projekt wird aus Mitteln des Europäischen Fonds für Regionale Entwicklung (EFRE) kofinanziert.

INTERREG

INTERREG – gemeinsam grenzenlos gestalten

WELT GRUPPE
WELT am SONNTAG
Kultur
WELT am SONNTAG
3x kostenlos:
Telefon 08 00/926 78 35*
*gebührenfreie Telefonnummer
Bringen Sie mehr Welt in Ihren Sonntag.
Der große Genuss am schönsten Tag der Woche: die redaktionelle Vielfalt der WELT am SONNTAG. Erleben Sie hochkarätige Kunst im umfangreichen Kultur-Teil sowie exklusive Reportagen, brisante Interviews und aktuelle Nachrichten in Deutschlands größter Qualitäts-Sonntagszeitung.
Die Themenvielfalt der WELT am SONNTAG:
Sport | Wirtschaft | Finanzen | Stil | Kultur | Reise | Motor | Immobilien
WELT.DE
Lebenshilfe
Nicht ohne meinen Lifestyle-Manager
Nobelmuseum
In Stockholm gibt es Genies zum Anfassen
Winzer-Serie
Tollkühner Champagner von Frau Pommery
Stilfrage
Wie benimmt man sich im Restaurant
WELT am SONNTAG
Deutschlands große Sonntagszeitung · Gegründet 1948
DIE WELT GEHÖRT DENEN, DIE NEU DENKEN.

Bildnachweis

Anordnung im Layout:
l = links, r = rechts, o = oben,
u = unten, m = Mitte.

Titel Günter Standl; S. 3 lo Michael Müller; S. 4/5 Pfronten Tourismus/ E.Reiter, S. 4 ro Christoph Otto, S. 4 ru, S. 5 m r, l, mu Gerald Hänel, S.5 lu Philip Koschel, ru Günter Standl; S. 6 Gerald Hänel; S. 8 lo Charly Höpfl, ro PR Foto. ml Jochen Zick/keystone, mr Ulrichkienzle.de; u Tobias Gerber; S.10 ro Verkehrsverein Kaufbeuren, lm Günter Standl, rm Bundesverband der Gablonzer Industrie e.V., u Gerald Hänel; S.12/13 bis S. 27 Gerald Hänel; S. 19 u, 24 Arthur F. Selbach; S. 28 Bayerischer Rundfunk/Pressestelle Foto; S. 30/31 bis 38 r Arthur F. Selbach; S. 34, S. 38 l Gerald Hänel; S.40 bis 44 Stefan Becker; S. 46/47 bis 53 Christoph Otto; S. 54 bis 58 Günter Standl; S.60 bis 62 l Gerald Hänel, S. 62 r Kneippianum Bad Wörrishofen; S. 64/65 bis 72 Gerald Hänel; S. 74/75 bis 80 Philip Koschel, S. 81 u Schloß Kronburg; S. 82/83 bis 87 Foto-agentur Caro; S.90 bis 95 Günter Standl; S. 93 Tourismus Oberstdorf; S. 96 bis 104 Philip Koschel – Mit freundlicher Genehmigung: Schloss Neuschwanstein: Bayerische Verwaltung der Staatlichen Schlösser, Gärten und Seen, Schloss Nymphenburg, München; Schloss Hohenschwangau: Wittelsbacher Ausgleichsfonds, Stiftung des Öffentlichen Rechts, München; S. 106/107 bis 111 Günter Standl; S.112 o Roger Mayrock/Kulturamt Kempten, u Sparkasse Allgäu/ Kulturamt Kempten; S.137 Arthur Selbach; S. 138/139, 140, 141 Gerald Hänel; S. 142/143 Thomas Gretler; S. 144 Kloster Irsee; S.148/149, 150/151 Pressefotos; S. 152 Arthur F. Selbach; S. 154 Gerald Hänel; S. 160 Getty Images; S. 162 o Gerald Hänel, lm Tobias Gerber, rm Marc-Oliver Schulz.

MERIAN dankt der Allgäu Marketing GmbH für die Hilfe bei der Entstehung dieser Ausgabe

Günter Standl fotografierte Dominic Rapp und Ruppert Wolf

MERIAN

Heft 4/2009, April, Erstverkaufstag dieser Ausgabe ist der 26. 3. 2009
MERIAN erscheint monatlich im Jahreszeiten Verlag GmbH, Poßmoorweg 2, 22301 Hamburg
Telefon 040/27 17-0 **Anschrift der Redaktion:** Postfach 601728, 22217 Hamburg
Telefon 040/27 17-26 00, Fax 040/27 17-26 28, E-Mail: redaktion@merian.de
Leser- und Aboservice: Postfach 601220, 22212 Hamburg, Tel. 040/87 97 35 40, Fax 040/27 17-20 79
Syndication: www.jalag-syndication.de
GourmetPictureGuide: Stefanie Lüken, Telefon 040/27 17-20 02, Fax 040/27 17-20 89, www.gourmetpictureguide.de
Internet: www.merian.de

Herausgeber: Manfred Bissinger
Chefredakteur: Andreas Hallaschka
Stellvertretender Chefredakteur: Hansjörg Falz
Art Directorin: Sabine Lehmann **Chef vom Dienst:** Tibor M. Ridegh **Textchefin:** Kathrin Sander
Redakteure: Charlotte von Saurma; Roland Benn, Thorsten Kolle, Jonas Morgenthaler (freie Mitarbeit)
Schlussredaktion: Tibor M. Ridegh, Jasmin Wolf **Layout:** Dorothee Schweizer (stellv. Art Directorin)
Cornelia Böhling, Ingrid Koltermann (Schlussgrafik) **Bildredaktion:** Katharina Oesten, Eva M. Ohms
Redakteur dieses Heftes: Tibor M. Ridegh **Bildredakteurin dieses Heftes:** Eva M. Ohms **Kartographie:** Peter Münch
Dokumentation: Jasmin Wolf, freie Mitarbeit: Stefanie Plarre, Sebastian Schulin **Mitarbeit:** Helmut Golinger, Jennifer Domnick, Beatrix Wegener **Herstellung:** Karin Harder **Redaktionsassistenz:** Sabine Birnbach, Katrin Eggers
Geschäftsführung: Joachim Herbst, Dr. Jan Pierre Klage, Peter Rensmann, Hermann Schmidt
Verlagsleitung Premium Magazine: Oliver Voß
Group Head Anzeigen Premium Magazine: Roberto Sprengel **Anzeigenleitung:** Christel Janßen, Sabine Rethmeier
Anzeigenstruktur: Patricia Hoffnauer **Marketing:** Kenny Machaczek, Justus Hertle, Sonja Wünkhaus
Vertrieb: PSG PREMIUM SALES GERMANY GmbH, Poßmoorweg 2-6, 22301 Hamburg
Vertriebsleitung: Jörg-Michael Westerkamp (Zeitschriftenhandel), Frank H. Häger (Buchhandel)
Verantwortlich für den redaktionellen Inhalt: Andreas Hallaschka
Verantwortlich für Anzeigen: Roberto Sprengel

Verlagsbüros Inland: Hamburg: Tel. 040/27 17-25 95, Fax 040/27 17-25 20, E-Mail: vb-hamburg@jalag.de
Hannover/Berlin: Tel. 0511/85 61 42-0, Fax 0511/85 61 42-19, E-Mail: vb-hannover@jalag.de
Düsseldorf: Tel. 0211/901 90-0, Fax 0211/901 90 -19, E-Mail: vb-duesseldorf@jalag.de
Frankfurt: Tel. 069/97 06 11-0, Fax 069/97 06 11-44, E-Mail: vb-frankfurt@jalag.de
Stuttgart: Tel. 07 11/966 66-520, Fax 07 11/966 66 -22, E-Mail: vb-stuttgart@jalag.de
München: Tel. 089/99 73 89-30, Fax 089/99 73 89-44, E-Mail: vb-muenchen@jalag.de

Repräsentanzen Ausland:
Belgien/Frankreich: Adnative sarl, Tel. +33/1/53 64 88 90/91, Fax +33/1/45 00 25 81
E-mail: paris@adnative.net <mailto:imc@international.fr>
Großbritannien: Publicitas Ltd, Tel. +44/20/7592 8300, Fax 7592 8301, E-Mail: jeremy.butchers@publicitas.com
Österreich: Publimedia Internationale Verlagsvertretungen GmbH, Tel. +431/211 5342, Fax 212 16 02
E-Mail: andrea.kuefstein@publicitas.com
Schweiz: Publicitas International AG, Tel. +41/61/275 46-09, Fax 2754730,
E-Mail: basel-international-magazines@publicitas.com
Italien: Media & Service International Srl, Tel. +39 02/48 00 61 93, Fax +39 02/48 19 32 74,
E-Mail: info@it-mediaservice.com
Spanien: Alcalá Media International Media Representations, Tel. +34/91/3269106, Fax +34/91/3269107,
E-Mail: m.vandereb@alcalamedia.com
Dänemark: über Verlagsbüro Hamburg
Niederlande: über Verlagsbüro Düsseldorf
Luxemburg: über Verlagsbüro Frankfurt

Die Premium Magazin Gruppe im Jahreszeiten Verlag

A&W Architektur & Wohnen · COUNTRY · DER FEINSCHMECKER · WEIN Gourmet · MERIAN

Gültige Anzeigenpreisliste: Nr. 41
Das vorliegende Heft April 2009 ist die 4. Nummer des 62. Jahrgangs. Preis im Abonnement im Inland monatlich 6,79 € inklusive Zustellung frei Haus. Der Bezugspreis enthält 7% Mehrwertsteuer.
Auslandspreise auf Nachfrage. Postgirokonto Hamburg 132 58 42 01 (BLZ 200 100 20)
Commerzbank AG, Hamburg, Konto-Nr. 611657800 (BLZ 200 400 00)
Führen in Lesemappen nur mit Genehmigung des Verlages. Printed in Germany

Weitere Titel im Jahreszeiten Verlag: Für Sie, petra, vital, PRINZ, A&W Architektur & Wohnen, COUNTRY, DER FEINSCHMECKER, WEINGourmet, schöner reisen, Zuhause Wohnen, selber machen
Litho: Alphabeta Druckformdienst GmbH, Hamburg. Druck und Verarbeitung: heckel GmbH, Nürnberg,
ISBN: 978-3-8342-0904-7, ISSN 0026-0029 MERIAN (USPS No. 011-458) is published monthly.
The subscription price for the USA is $ 110 per annum. K.O.P.: German Language Publications, Inc., 153 South Dean Street, Englewood NJ 07631. Periodicals postage is paid at Englewood NJ 07631, and at additional mailing offices. Postmaster: send address changes to: MERIAN, German Language Publications, Inc. 153 South Dean Street, Englewood NJ 07631.

JAHRES ZEITEN VERLAG
Ein Unternehmen der GANSKE VERLAGSGRUPPE

TEXTE **Jonas Morgenthaler** REDAKTIONSSCHLUSS **Februar 2009**

TIPPS Das sollten Sie bei einem Besuch im Allgäu unbedingt erleben

>> **St. Koloman bei Schwangau** Frühbarocke Wallfahrtskirche, dem Schutzheiligen für das Vieh geweiht. Am zweiten Sonntag im Oktober eindrucksvolle Reiterprozession.

>> **Deutsche Alpenstraße am Paradies** Grandioser Ausblick über die Alpenkette bis zum Säntis in der Schweiz von der B 308 drei Kilometer westlich von Oberstaufen oder vom Café des nahen Hotels „Berghof am Paradies".

>> **Klang & Raum** Im wunderschönen Kloster Irsee findet jährlich Ende August bis Anfang September das Festival für barocke und klassische Musik statt.

>> **Die Königsschlösser** Ludwigs prunkvolle Phantasiewelt in Neuschwanstein übertrifft alle Erwartungen. Auch Hohenschwangau sollte man unbedingt besuchen.

>> **Tänzelfest in Kaufbeuren** Mehr als 1600 kostümierte Kinder stellen mit Pferden und Kutschen jedes Jahr Ende Juli an zwölf Tagen die Geschichte der Stadt dar.

>> **Breitachklamm** Eine der imposantesten Schluchten Europas mit dem tosenden Wasser der Breitach und 100 Meter hohen Felswänden. Von beiden Seiten begehbar.

>> **Therme Bad Wörishofen** Das Thermal- und Wellnessbad, eines der größten in Deutschland, lockt mit exotischem Ambiente und verspricht Entspannung und Badespaß unter Palmen.

>> **Ottobeuren** Monumentale Benediktinerabtei, auch „Schwäbischer Escorial" genannt. Die barocke Gestaltung von Kloster und Basilika ist einzigartig.

>> **Freilichtspiele in Altusried** Das Thema „Freiheitskampf" zieht sich immer wieder durch die Aufführungen, die bis zu 2 500 Menschen verfolgen. 2009: „Andreas Hofer".

>> **Burgruine Falkenstein** Schöner Rundumblick aus 1270 Meter Höhe. Die Burg, im Mittelalter erbaut, wurde 1646 in Brand gesetzt.

Foto: Arthur F. Selbach

Auf freier Ebene mit Blick zu den Tannheimer Bergen: die Wallfahrtskirche St. Koloman

OBERALLGÄU

(E 7/8) Bad Hindelang

Beliebte Kur- und Urlaubsregion, die sich schon um 1990 als Pionier des sanften Tourismus einen Namen gemacht hat. Das geglückte „Ökomodell Hindelang" fördete u. a. regionale Produkte und verhinderte eine starke Zersiedelung. So ist z. B. der Ortsteil Bad Oberdorf bis heute ein intaktes Dorf mit Chalet-Charme und ohne zuviel Geschäftigkeit. Eine kurvenreiche Straße führt ins hoch gelegene Oberjoch, je nach Saison Ziel für Skifahrer oder Allergiker (versetzte Blütezeit, wenig Pollen, keine Hausstaubmilben, Therapien). Ein weiterer Teil der Gemeinde streckt sich durch ein enges Tal bis in den Bergsteigerort Hinterstein, wo man sich nach anstrengenden Touren, von Bergkämmen eingekreist, im Naturschwimmbecken erholen kann.

(E 8) Kutschenmuseum
Wie Ludwig II. mit Neuschwanstein hat sich Martin Weber eine Traumwelt geschaffen: In einer ehemaligen Scheune bei Hinterstein stellt er alte Kutschen aus. Seine erlesene Sammlung versinkt in einer glitzernd-leuchtenden Phantasiewelt voller lebensgroßer Puppen und Tiere, unterlegt von zuckersüßer Musik. Kitsch, werden einige sagen. Eine Kinderhand schrieb indes ins Gästebuch: „Ich finde es hier wunderschön wie im Märchen!"
Hinterstein, der Fußweg ist ausgeschildert
tgl. 8-20 Uhr, Spendenkasse

(D 7) Grünten-Alpsee

Urlaubsgebiet mit zwei beliebten Ausflugszielen (Großer Alpsee und Grünten), das als „Kinderland"-Region besonderen Wert auf familienfreundliche Ferien legt. In Burgberg kann man eine ehemalige Erzgrube besuchen (www.erzgruben.de), beim Alpsee ganzjährig eine lange Rodelabfahrt genießen (www.alpsee-bergwelt.de). Rettenberg wird durch seine Brautradition (Zötler und Engelbräu) vor allem Biertrinker begeistern, während es Käsefreunde ins idyllische Gunzesrieder Tal zieht. Hier stellte der Schweizer Johannes Althaus 1827 den ersten Käselaib nach „Emmentaler Art" her. Von seiner Qualität kann man sich in der 1892 gegründeten Sennereigenossenschaft in Gunzesried überzeugen (Tipp: Bergkäse). In Immenstadt ist der Marienplatz mit Renaissance-Schloss, in Diepolz **(D 6)** das Allgäuer Bergbauernmuseum sehenswert (www.bergbauern museum.de). Einkaufsfreudige schließlich decken sich am besten in Sonthofen ein.

Hörnerdörfer

Wer Privatunterkünfte und entspannte Dorfatmosphäre mag, wird in einem der Orte sicher gut unterkommen. Der Name der Verwaltungsgemeinschaft wurde der Hörnerkette entliehen, um die sich die fünf Mitgliedsorte gruppieren: Der Kurort Fischen **(D 8)** mit interessanten Kirchen, das unverkrampft gastfreundliche Bolsterlang **(D 8)**, das abgeschiedene Dörflein Balderschwang **(C 8)**, Ofterschwang **(D 7)** und Obermaiselstein **(D 8)**.

(D 5) Kempten

Die ehemalige Freie Reichs- und Stiftsstadt mit weit zurückreichender Vergangenheit ist heute ein bedeutendes Geschäfts- und mit der Hochschule Kempten auch Ausbildungszentrum der Region. Ihre Besucher verwöhnt die größte Allgäuer Stadt mit Alpenluft und historischem Flair, z. B. am Platz vor dem turmbesetzten Rathaus (1474, Türmchen 1565) und den stolzen Patrizierhäusern. Dazu kommen gute Museen, etwa zur Alpin- und Burgengeschichte, und das Umland mit Naturschönheiten wie dem Kempter Wald.

(b 2) Residenz
Der Komplex aus Stiftsgebäude und Fürstabt-Residenz entstand ab 1652 in knapp zwei Jahrzehnten u. a. nach Plänen von Michael Beer. Das recht nüchterne Äußere scheint die Pracht der Innenräume fast verbergen zu wollen: Die Ausstattung im französischen Régence- und Rokokostil verzaubert u. a. mit Stuck (Wessobrunner Kreis) und Gemälden von Franz Georg Hermann.
Residenzplatz 4-6
Tel. (08 31) 25 62 51
April-Sept. Di-So 9-16, Okt. Di-So 10-16, Nov., Jan.-März Sa 10-16 Uhr, Dez. Sonderz.; nur mit Führung (alle 45 Min.), 3 €

(a 2) Stiftskirche St. Lorenz
Die Basilika mit den Doppeltürmen entstand 1652-1670. Der weiß-goldene Innenraum vereint Elemente von Spätrenaissance und Frühbarock und offenbart seine wahre Schönheit erst im über 40 Meter hohen Chor-Oktogon. Über mehrere Galerien scheint es sich nach oben zu öffnen, waagerecht fällt der Blick auf zwei Rokoko-Seitenaltäre und das Chorgestühl mit Bildtafeln in Scagliola-Technik.

(a 1/2) AllgäuMuseum
Das Museum widmet sich zahlreichen Aspekten des Allgäus, etwa dem Tourismus, der bürgerlichen Stadt oder dem Landleben zwischen Flachs- bzw. Milchwirtschaft und Volksfrömmigkeit. Ein akustischer Dialektatlas klärt über regionale Feinheiten auf, während ein Gewölbe Allgäuer Künstlern wie Maximilian Rueß und Hermann Troeltsch gewidmet ist.
Großer Kornhausplatz 1
Tel. (08 31) 54 02 12 0
www.allgaeu-museum.de
Di-So 10-16 Uhr, 2,50 €

(e 2/3) Archäologischer Park Cambodunum (APC)
Der Park präsentiert Reste der Römerstadt Cambodunum (Kempten), die in 120 Jahren archäologischer Arbeit gefunden wurden. Cambodunum war eines der frühen Zentren der Provinz Rätien. (s. S. 112)
Cambodunumweg 3
Tel. (08 31) 797 31
www.apc-kempten.de
Di-So Mai-Okt. 10-17, Nov.-Mitte Dez. sowie Mitte März-April 10-16.30 Uhr, 3 €

(C/D 9) Kleinwalsertal

Nicht nur Name, auch Mundart, Feste und die typische Architektur der Walserhäuser erinnern noch daran: Die ersten Siedler, die um 1300 ins Tal kamen, stammten aus dem schweizerischen Oberwallis. Ihre kulturelle Eigenständigkeit haben die Bewohner bis heute bewahrt. Seit 1453 politisch zu Österreich gehörend, ist das Kleinwalsertal wegen der alleinigen Erreichbarkeit von Deutschland aus seit 1891 deutsches Wirtschaftsgebiet. So gibt es eine österreichische und eine deutsche Postleitzahl. Das 16 km lange Bergtal ist ein wunderschönes Wander- und Skigebiet. Wer genug hat von frischer Luft und Bewegung, kann sich im Walsermuseum oder im Casino (!) in Riezlern die Zeit vertreiben.

Die großen Lettern (E 7/8) beziehen sich auf die MERIAN-Karte, die kleinen auf die Stadtpläne auf Seite 155

Zieht sich aus der Ebene bis ins enge, immer wilder werdende Tal: Bad Hindelang

(C 7) Oberstaufen

Oberstaufen ist ein fast mondäner Ganzjahres-Wellnessort mit hoher „Sternedichte", schicken Modeläden und einem für Allgäuer Verhältnisse intensiven Nachtleben. Ortsauswärts eröffnet sich das Idyll einer kuhgesprenkelten Alplandschaft, zudem ist Oberstaufen das einzige anerkannte Schroth-Heilbad Deutschlands. Das Naturheilverfahren aus dem 19. Jh. gelangte durch den Nachkriegs-Flüchtlingsstrom 1947 aus Niederlindewiese (Sudetenland) in den Allgäuer Kurort. Sport spielt eine große Rolle in Oberstaufen (Golf, Tennis, Erlebnisbad, Sommerrodelbahn), im Winter verfügt die Skiregion Oberstaufen über 40 km maschinell gepflegte Pisten und 100 km präparierte Loipen. In der Umgebung lohnt die nach Demeter produzierende Alpe Sonnhalde einenBesuch.
www.alpe-sonnhalde.de
April-Okt., Aufstieg u.a. von Buchenegg und Steibis

Zell

Postkartenperfekter Weiler inkusive Kapelle (14./15.Jh.) mit bedeutenden Fresken und Flügelhochaltar von Johann Strigel (1442).

St. Stephan-Kirche Genhofen

Obwohl in der Wegkirche drei schöne Flügelaltäre stehen, sind es die andernorts längst verschwundenen bäuerlich-naiven Malereien (Ende 16. Jh.), die dem Gotteshaus seine Einzigartigkeit verleihen. Scheinbar wahllos stehen volkstümlich-dekorative, heidnische und christliche Motive – Wappenschilder, Druidensterne und Sonnenrunen (Hakenkreuze), Tierfiguren sowie eine Hirschjagddarstellung – neben- bzw. übereinander und zeugen von der Übertragung traditioneller Holzbaumalerei auf den sakralen Innenraum.

(D 8) Oberstdorf

Beliebter Wintersportort (s. S. 90), und Zentrum für Sommergäste. Im 19. Jh. fand Prinzregent Luitpold Gefallen am Ort. Das königliche Jagdhaus (heute ein Gasthof mit guter Küche an der Ludwigstraße) war Ausgangspunkt von Hochwildjagden. Mit der Anbindung an das Bahnnetz Ende des 19. Jhs. war der Grundstein gelegt für die Bedeutung als touristisches Zentrum des Oberallgäus mit allem, was des Alpenurlaubers Herz begehrt.

MERIAN | TIPP

Alltagsleben damals

Das Bauernhofmuseum Illerbeuren versammelt viele alte Höfe aus dem Allgäu

Das erste Freilichtmuseum Bayerns entstand 1955 in Illerbeuren. Die schöne Anlage nimmt einen ganzen Teil der Ortschaft ein und wächst auf engem Raum durch den Wiederaufbau weiterer alter Bauernhäuser immer noch. Einige Höfe standen schon immer hier, so die **St.-Ulrich-Sölde**. Erbaut wurde der Kleinbauernhof 1696, bis 1700 gehörte eine Bäckerei dazu, danach eine Wagnerei. Auch der **Gromerhof** von 1702 ist im wahrsten Sinn ein Alteingesessener. Er wurde zu einer Museumsgaststätte umgebaut (siehe S. 148). Aus Lobach stammt die **Schmiede** von 1822, aus Woringen ein ganz schmales Häuschen von 1823, ein sogenanntes **Austragshaus**, in dem die Altenteiler ihren Lebensabend verbrachten und einen kleinen Handel betrieben. Zu einem richtigen Dorf gehört auch ein Feuerwehrhaus, dieses wurde im 19. Jh. zuerst in Dickenreishausen errichtet.

Alt ist der Hof, die Kuh vergleichsweise jung

Viel Raum ist auch der alten Technik auf dem Land gewidmet – mit Wasserpumphaus, Windrad, Landmaschinengroßhandlung und Maschinenwerkstatt. Hierzu darf man auch ein historisches Gasthaus mit Kegelbahn zählen, denn hier, in der ehemaligen Kantine für Torfstecher, erfährt man einiges über die Torfabbautechniken in Schwaben. In vielen der Häuser werden in kleinen Ausstellungen die Bedingungen ländlichen Lebens anschaulich erklärt. Gezeigt werden u. a. Gerätschaften zur Flachs- und Milchverarbeitung, Kleider und Schmuck, Maschinen und Fortbewegungsmittel, darunter die Kutsche des „Wasserdoktors" Kneipp. Auch für das Schützenmuseum gibt es ein kleines Gebäude.

Im Freien vervollständigen traditionelle Kulturpflanzen und alte Haustierrassen wie das Zaupelschaf, das Schwäbisch-Hällische Schwein und natürlich das Allgäuer Original Braunvieh das Bild von einem alten Schwabenland.

(C/D 4) Schwäbisches Bauernhofmuseum Illerbeuren
Museumstraße 8, 87758 Kronburg (Illerbeuren) Tel. (083 94) 14 55, www.bauernhofmuseum.de, *4 €, Di-So März sowie Mitte Okt.-Nov. 10-16, April-Mitte Okt. 9-18, Dez. nur Sonderausst., Jan./Feb. geschl. Schützenmuseum: März 13.30-16, Apr.-Mitte Okt. 13.30-17, Mitte Okt.-Nov. 13.30-16 Uhr*

Breitachklamm
Die grandiose 2,5 km lange, durch die Breitach seit Jahrtausenden geformte Felsenschlucht ist durch einen befestigten Wanderweg erschlossen. Eng, tief, gewaltig: Das Schauspiel ist einzigartig.
Tel. (083 22) 48 87
www.breitachklamm.de
Sommer 8-17, Winter 9-16 Uhr, bei zu großer Wassermenge geschlossen; 3 €

(E/F 7/8) Tannheimer Tal

Zehn Kilometer westlich von Bad Hindelang beginnt das österreichische Tannheimer Tal. Für Naturfreunde und Wanderbegeisterte ist besonders das idyllische Naturschutzgebiet Vilsalpsee attraktiv. Die beschaulichen Orte Tannheim, Nesselwängle, Grän und Zöblen sind gute Ausgangspunkte für Bergtouren im Sommer und Skifahrten im Winter.

UNTERALLGÄU

(D 4) Bad Grönenbach

In dem Ort, wo Sebastian Kneipp Lehrjahre verbrachte, befinden sich sechs große Kliniken mit Schwerpunkt Naturheilverfahren. Sehenswert sind die Stiftskirche und das Hohe Schloss. Es stammt aus dem 13. Jh. und war zeitweise im Besitz der Fugger. Heute finden hier u. a. Konzerte und Ausstellungen statt.

(F 3) Bad Wörishofen

Hier kneippt es an jeder Ecke. Wer das Mekka der Kneippianer besucht, kommt um Sebastian Kneipp nicht herum (s. S. 60). Das Dominikanerinnenkloster erlebte durch ihn einen Aufschwung. 1920 wurde der Ort zum „Bad", heute ist er eine regelrechte „Kur-Metropole" mit einer riesigen modernen palmenbestückten Therme und einem weitläufigen Kurpark mit Duft- und Heilkräutergarten.

Pfarrkirche St. Justina
Die 1519/20 gebaute und 1700 barockisierte Kirche ist hübsch renoviert. Beeindruckend sind die Deckenfresken von 1780, die einen Zyklus aus dem Leben und dem Sterben der Patronin St. Justina zeigen.

(C 3) Buxheim

Kartause Buxheim
In der Anlage des einstigen Kartäuserklosters lehren heute Salesianer. Das Museum informiert über den Kartäuserorden, dessen Mönche auch in Buxheim autark und zurückgezogen lebten. Die gotische Klosterkirche wurde im 18. Jh. barock umgestaltet. Das 1684-95 von Ignaz Waibl geschnitzte Gestühl lässt einen ganzen Kosmos aus Engeln, Heiligen, Dämonen und Propheten entstehen und gilt als das schönste im süddeutschen Raum.
Tel. (083 31) 618 04
www.heimatdienst-buxheim.de
Apr.-Okt. tgl. 10-12, 14-17 Uhr Nov.-März nur Führungen; 3,50 €

(C/D 4) Kronburg

Schloss Kronburg
siehe Seite S. 74

(C 4) Legau

Maria Steinbach
Die Kirche, 1749-65 erbaut, ist ein wunderschönes Beispiel bayerisch-schwäbischen Roko-

Putten im Dutzend: In der Rokokokapelle der Kartause Buxheim wimmeln sie an allen Himmeln

kos. Ausdrucksstark sind die Putten und die Wand- und Deckenmalereien von Franz Georg Hermann. Die Mirakelbilder widerspiegeln viele Ängste und Gefahren von damals.
www.maria-steinbach.info

Wallfahrtskirche Maria Schnee
Das Rokoko-Kirchlein überrascht in seinem Innern. So scheinen hier Putten das Gewölbe zu tragen. In den Marienmalereien sind z. B. ein Schiff im Sturm („Mariä gnaden Hand hillft zu Wasser und zu Land") zu sehen und Tod und Teufel, die aus einem Krankenzimmer weichen („In Krankheit und Tod, hilft sie aus der Noth").
Lehenbühlstraße

(D 3) Memmingen

Memmingen ist eine herausgeputzte Schönheit, die mit ihren historischen Reizen nicht geizt. Innerhalb der teilweise erhaltenen Stadtmauer gibt es ehrwürdige Barockpaläste und Zunfthäuser. Der stattliche, bis 1591 errichtete Fuggerbau erinnert daran, dass Handel die Stadt reich machte. Das hoch aufragende Rathaus (1589 errichtet, 1765 neu gestaltet) scheint über das barocke Obergeschoss des mit Arkaden versehenen Steuerhauses (1495) hinaus den Marktplatz zu überwachen. Das augenfällige Siebendächerhaus (1601) mit aufklappbaren Seitenluken diente den Gerbern zum Trocknen des Leders. In der Kramerzunft beim Weinmarkt versammelten sich 1525 die aufständischen Bauern und hielten die „Zwölf Artikel" fest.

(h 2) **MEWO-Kunsthalle**
siehe S. 72

(g 2) **Kreuzherrnsaal**
Der ehemalige Klosterkirchenraum mit seiner schwelgerischen, spätbarocken Stuckdecke (1709) dient heute u. a. als Ausstellungsort.
Hallhof 5
Apr.-Ende Okt. Di-So 14-17
Sa zusätzlich 10-12.30 Uhr

(f 2) **Stadtmuseum**
Im spätbarocken Hermansbau (1766) untergebrachtes Museum zur Geschichte und Kultur Memmingens mit Bildern des Barockmalers Johann Heiss und einer Ausstellung zur Heimatregion vieler Sudetendeutschen, die 1945/46 nach Memmingen kamen.
Zangmeisterstraße 8
Tel. (083 31) 85 01 34
Mai-Okt. Di-Sa 10-12
14-16, So 10-16 Uhr; 2 €

(g 3) **Stadttheater**
Das Ensemble des Landestheaters Schwaben zeigt hier und auf einer zweiten Bühne am Schweizerberg Eigenproduktionen und andere Inszenierungen.
Theaterplatz 2
Tel. (083 31) 945 90
www.landestheater-schwaben.de

(g 4) **Frauenkirche**
1891 wurden wertvolle Wandmalereien aus dem 15./16. Jh. wiederentdeckt, seit der damaligen Renovierung schmücken sie nun wie einst den Innenraum.
Frauenkirchplatz 4
Di 16-19, Mi-Fr 9-12 Uhr
(Schlüssel im Pfarramt nebenan)

(f 2) **Stadtpfarrkirche St. Martin**
Die spätgotische Basilika geht größtenteils auf das 15.Jh. zurück. Im Innern der evangelischen Kirche beeindrucken Wandmalereien der Familie Strigel (15./16.Jh.) und die besonders ausdrucksstarken Figuren des Chorgestühls (1501-1507).
Zangmeisterstraße 13

(f 2) **Antonierhaus**
Die Museen in einem ehemaligen Antoniterspital (Ende 15. Jh.) widmen sich dem Antoniterorden und der spätgotischen Kunst der Memminger Mal- und Bildhauerfamilie Strigel, die von 1430 bis 1528 in der Gegend wirkte.
Martin-Luther-Platz 1
Tel. (083 31) 85 02 45
Di-Sa 10-12, 14-16 Uhr
So 10-16 Uhr; 3 €

(E/F 2/3) Mindelheim

Eine Stadt mit bewegter Geschichte: Ab Mitte des 15. Jhs. herrschte auf der Mindelburg das Rittergeschlecht Frundsberg, 1528 kauften sich die Fugger ein, 1616 besetzte Maximilian I. die Stadt, 1705 schenkte sie Kaiser Joseph I. dem Earl of Marlborough und 1778-80 gehörte sie zu Österreich. Sehenswert sind die alten Stadttore, ein spätmittelalterliches, 1897 umgebautes Rathaus, interessante (z. T. sanierungsbedürftige) Kirchen und viele gute Museen.

Stadtkirche St. Stephan
Das Aussehen der St.-Stephans-Kirche wird durch den Neubau von 1712/13 geprägt, Höhepunkt im mehrmals umgestalteten Innern ist die Rotmarmor-Grabplatte des Herzogs Ulrich von Teck (um 1430).

Jesuitenkirche
1721/22 ließ der Jesuitenorden die gotische Augustinerkirche zu einem spätbarocken Gotteshaus um- und ausbauen. Im Innern macht feiner Stuck den Raum leicht, wunderschön ist die große Jesuitenkrippe aus dem 17./18. Jh.

(D 3) Ottobeuren

Auch in Ottobeuren kann man hervorragend kuren, die meisten Besucher jedoch werden vom monumentalen Klosterbau angezogen.

Kloster Ottobeuren
Die Benediktineranlage, an der bis zur Hauptweihe 1766 länger als 50 Jahre gebaut wurde, ist ein riesiger Barocktraum. Vor allem in der Basilika zeigt sich der Baustil in seiner ganzen überschwänglichen Pracht: Leuchtend-farbige Decken- und Altargemälde mit perspektivischen Spielereien wechseln sich ab mit hellem Stuck und wuchtigen Marmorsäulen. Durch geschickte Raumaufteilung öffnet sich erst beim Durchschreiten des Längsschiffes der Blick auf die Querverzweigung. Bemerkenswert ist die große Figurenvielfalt, neben den pummeligen Barockputtten werden die Altäre z. B. von schlanken Jünglingsengeln flankiert. Weltberühmt sind die fast gänzlich original erhaltenen Riepp-Orgeln (1757-1766) mit verschnörkelten Schnitzereien und goldenen Engelsfiguren, die auf dem Musikinstrument herumzutanzen scheinen. Im Museum können die Besucher durch die langen Gänge wandeln, vorbei an gotischen Holzfiguren, sakraler Kunst, einer Stiftsapotheke aus dem 18. Jh., der säulengesäumten Stiftsbibliothek und einem barocken Theatersaal.
Siehe auch S. 46

MERIAN | TIPP

Ab auf die Insel!

Lindau bietet mit seinem Bodenseeflair die ideale Ergänzung zur sattgrünen Allgäuer Bergwelt

Tatsächlich sind es von Lindenberg oder Wangen nur wenige Kilometer bis nach Lindau. Doch wer dort ist, fühlt sich plötzlich weit entfernt von der Wiesen- und Bergwelt des restlichen Allgäus. Wie an zwei Tauen, durch die Seebrücke und den 550 Meter langen Eisenbahndamm festgezurrt, liegt die 68 Hektar große Insel im Bodensee. Am Ufer reifen Weintrauben, am Hafen tuten Schiffe, Enten quaken und oft streicht ein mildes Lüftchen über das Gesicht.

Doch Lindau hat mehr zu bieten als südlichen Charme: Die Altstadt ist ein Sammelsurium vieler Epochen und Stile. Der Rundgang beginnt am Marktplatz mit seinem gusseisernen Neptunbrunnen. In einem imposanten Barockbau aus dem 18. Jh., dem **Haus zum Cavazzen**, zeigt die städtische Gemälde- und Einrichtungssammlung ihre Schätze – darunter ein etwas pikantes Porträt von **Friederike von Bretzenheim**, der letzten Fürstäbtissin des adligen Damenstifts auf der Insel. Die Kirche **Maria Himmelfahrt** (Mitte 18. Jh.), das Gotteshaus des um 800 gegründeten Klosters, ragt gegenüber dem Neptunbrunnen und neben einer evangelischen Kirche in den Himmel. Das katholische Stift – ein Fremdkörper im reformierten Lindau – wurde zu Beginn des 19. Jh. aufgelöst.

Vom Marktplatz gelangen Spaziergänger durch die Cramergasse zur Hauptachse der Altstadt, der **Maximilianstraße**. Sie flankieren nicht nur besonders schöne Patrizierhäuser, sondern auch das **Alte Rathaus**. Es wurde 1422 bis 1436 im gotischen Stil erbaut, im 16. Jh. dem Geschmack der Renaissance angepasst und im 19. Jh. durch am Mittelalter orientierte Wandmalereien ergänzt. Die Fresken an der Nordwand der **Peterskirche** hingegen stammen tatsächlich aus dem Mittelalter.

Den Hafen bewundert man am besten von einem der Wahrzeichen Lindaus aus, dem neuen **Leuchtturm**. 1856 erbaut, bildet er zusammen mit dem bayerischen Löwen den Abschluss der Anlegeplätze am Ufer. Im Sommer ist der Sprung ins kühle Nass im historischen Römerbad gleich neben dem Hafen eine willkommene Erfrischung.

(A 7) **Tourist-Information Lindau**
Ludwigstraße 68 (gegenüber Hbf.)
Tel. (083 82) 26 00 30
www.lindau-tourismus.de
Mitte Okt.-Ende März Mo-Fr 9-12, 14-17, Apr.-Mitte Juni, Mitte Sept.-Mitte Okt. Mo-Fr 9-13, 14-18, Sa 14-18 Uhr, Mitte Juni-Mitte Sept. auch So 10-14 Uhr

WESTALLGÄU

(B 6) Argenbühl

Sechs schmucke Dörfer in idyllischer Voralpenlandschaft vereinigt die Gemeinde Argenbühl. Lohnend sind vor allem ein Besuch in Eglofs (Barockkirche und alter Ortsplatz) sowie ein Ausflug zum Schloss und zur Burgruine Ratzenried (B 5).

(C 6) Isny

Die ansehnliche ehemalige freie Reichsstadt hat noch viel historisches Flair. Die Altstadt steht unter Denkmalschutz. Sie bietet ein geschlossenes Bild, die mittelalterliche Stadtmauer mit ihren Toren – zwei von ihnen wurden zu Museen umgestaltet – sind fast vollständig erhalten. Zu den weiteren Baujuwelen gehört das um 1685 aus drei ehemaligen Patrizierhäusern vereinigte Bauensemble am Marktplatz, das seit 1733 als Rathaus dient. Schräg gegenüber ragt der Turm des Stadtwächters (16. Jh.) in die Höhe, im Anbau prüfte ein Beamter bis ins 19. Jh. Leinwände, auch Handelsverkäufe wurden hier abgewickelt. Im Nordosten der Stadt existierte bis 1803 ein Benediktinerkloster, danach diente die Anlage als Schloss, als Spitalabteilung, heute ist sie Museums- und Kulturraum (s. S. 72). Zum Kloster gehörte die barocke St.-Georgs-Kirche, die auch Zugang zu einer im 18. Jh. reich ausgestatteten Marienkapelle gewährt. Trotz der reichen Vergangenheit sollte man nicht vergessen, dass Isny auch heilklimatischer Kurort ist und mit guten Sennereien auftrumpfen kann.

Eistobel

Südlich von Riedholz, im Naturschutzgebiet Eistobel, stürzt von imposanten Felswänden gerahmt das Wasser der Oberen Argen über mehrere Ebenen in die Tiefe. Diese vor rund 15 000 Jahren entstandene Abflussrinne eines Schmelzwassersees mit Ablagerungen eines Millionen Jahre alten, längst verschwundenen Meeres lässt sich vom Infopavillon bei der Argentobelbrücke gut erwandern. Vorbei an Wasserfällen, Strudellöchern und Schautafeln, welche geologische Zusammenhänge erklären.
www.eistobel.de
Infopavillon Argentobelbrücke; Im Winter sind die Wege offiziell gesperrt, mit guter Ausrüstung aber dennoch begehbar

(C 4/5) Leutkirch

Die schöne baden-württembergische Stadt kam im Spätmittelalter durch Leinwandweberei und -export zu großem Wohlstand. Obwohl die ehemalige freie Reichsstadt im späten 18. Jh. einen wirtschaftlichen, Niedergang erlebte, zeugen zahlreiche Bauten von der vergangenen Größe. Am besten ersichtlich ist das am Gänsbühl, dem Stadtzentrum. Von dort blicken Passanten nicht nur auf die rote Fassade des spätbarocken Rathauses (um 1740), dessen Ratssaal im zweiten Stock mit kunstvoll geformtem Deckenstuck von Johann Schütz ausgestattet ist, sondern auch auf die ursprünglich spätmittelalterlichen, weit hochragenden Bock-

Reich und wunderbar erhalten ist Isny. Und dazu noch Kurort. Kann man woanders leben?

turm. Durch sein Alter beeindruckt in der Marktstraße das Gotische Haus (um 1378), um dessen Erhalt sich die Stadt kümmert.

(B 6) Lindenberg

In der kleinen, lebendigen Stadt, einem sonnenreichen Luftkurort, ist die Hutmacherei zu Hause. Seit dem 17. Jh. stellen die Lindenberger die klassische Kopfbedeckung her, 1913 belief sich die Jahresproduktion auf stolze 8 Millionen Strohhüte. Doch die Mode wurde hutloser, man flanierte nun auch „oben ohne". Die Firma Mayser ist ein seit 1800 produzierendes Unternehmen. Udo Lindenberg z. B. kauft seine Hüte zwar in Hamburg, hergestellt werden sie in Lindenberg – ein Zufall, wie er sagt. Andere Hutgeschichten erfahren Besucher im Hutmuseum.

Hutmuseum Lindenberg
Brennterwinkel 4, www.lindenberg.de
Mi 15-17.30, So 10-12 Uhr (Nov.-Jan. geschl., Führungen Juli-Aug. Mi 14 Uhr)

(B 7) Scheidegg

Kurort in erstklassiger Lage auf einem sonnigen Hochplateau zwischen Alpen und Bodensee. Das Angebot an Kuren (Heilklima, Kneipp, Schroth), Kliniken und Gästeunterkünften wie an Freizeitmöglichkeiten ist groß: In Scheidegg können sich Gäste unter anderem in einem Freibad mit Alpenblick und einem Reptilienzoo vergnügen, zu den nahen Scheidegger Wasserfällen wandern sowie ein Handwerkermuseum und eine Sennerei besuchen.

(A/B 6) Wangen

In Wangen verbindet sich ein mittelalterliches Stadtbild mit prachtvollen Baudenkmälern aus diversen Epochen – kein Wunder, dass das historische Zentrum der ehemaligen freien Reichsstadt als eines der schönsten in Bayern gilt. Zu Reichtum gelangten die freien Wangener – schon 1306 gab es hier einen Bürgerrat – durch Handwerk (Leinenweberei, Sensenherstellung) und Handel. Patrizier beteiligten sich z. B. an der Ravensburger Handelsgesellschaft, zudem führten wichtige Fernhandelsrouten durch die Stadt. Welche Kräfte durch die Jahrhunderte bestimmend waren, zeigt sich am Marktplatz: Das Hinderofenhaus liess der Kaufmann Onofrius Hinderofen 1542 im Stil der Renaissance erbauen, gegenüber zeugt ein auf dem Pflaster nachgezeichneter Grundriss von einem einstigen Adelshaus. Die St.-Martins-Kirche (12. Jh., mehrmals umgebaut) spiegelt den geistlichen Einfluss, das Rathaus den staatlichen. Hinter der barocken Schaufassade von 1719-21 verbirgt das Gebäude gotische und romanische Teile sowie eine exakte Landkarte des Herrschaftsgebiets von 1617. In der Herrenstraße hängen Wirtshausschilder aus dem 19. Jh. von den spätgotischen Häusern, die nach dem Stadtbrand von 1539 neu entstanden. Die Straße der Herren war zwar im Gegensatz zur Unterstadt überschwemmungssicher, aber nicht gegen Brände gefeit.

Rochuskapelle
Die 1593 erbaute Kapelle beim Alten Friedhof nordwestlich des St.-Martins-Tors ist durch die mit einer Bilderbibel bemalten Holzdecke ein weiterer Kulturschatz Wangens.
Mai-Okt. innerhalb einer Stadtführung, Einzelpersonen immer Sa 10.30 Uhr (3 € inkl. Eintritt)

Heimatmuseum Eselsmühle
In dem Häuserkomplex rund um die alte Eselsmühle und das Färbereigebäude sind – verbunden durch die Stadtmauer – mehrere Museen untergebracht, die u. a. über Stadtgeschichte, Milchwirtschaft, Buchdruck, den Schriftsteller Gustav Freytag (1816-1895) und den spätromantischen Dichter Joseph von Eichendorff (1788-1857) informieren. Höhepunkt ist jedoch die öffentliche Badstube von 1589, wo bis gegen 1700 der Bader seine Kunden einseifte, rasierte, schröpfte und ihnen manchen schmerzenden Zahn zog.
Eselberg 1, Tel. (075 22) 91 26 82
Apr.-Okt. Di-Fr 14-17, Sa 11-17 So 14-17 Uhr, Nov.-März nur auf Führung (Di 15.30 Uhr)

MERIAN | TIPP

Kloster Irsee

Musisches und geistiges Zentrum im Ostallgäu

Das Kloster Irsee ist mehr als eines der kulturhistorischen Glanzlichter des Allgäus. Seine geistige Ausstrahlung, beginnend mit dem theologischen, philosophischen und naturwissenschaftlichen Wirken der Mönche schon in mittelalterlicher Zeit, setzt sich in der Gegenwart fort. Bildung, Kunst, Kultur, Musik, Politik, Wissenschaft und Wirtschaft haben hier durch das Schwäbische Tagungs- und Bildungszentrum einen hohen internationalen Rang gewonnen.

Ein schönerer äußerer Rahmen als das barocke frühere Benediktinerkloster ist für diese Arbeit kaum vorstellbar. „Porta patet, cor magis – Die Tür steht offen, mehr noch das Herz!" So hießen die Mönche ihre Gäste willkommen, und heute noch scheint dieser Gruß in den Kreuzgängen des Vierflügelbaus für jährlich 20 000 Seminargäste der **Schwabenakademie Irsee** und des Bildungswerks des Verbandes der bayerischen Bezirke zu gelten.

Wo um 1180 der Eremit **Heinrich im Wald** nahe der Burg „Ursin" die göttliche Erleuchtung suchte, leuchtet heute Vorarlberger Barockkunst. Die Preziose des 1182 gegründeten Klosters ist die Klosterkirche Mariä Himmelfahrt, 1699 bis 1702 von **Franz Beer** erbaut. Er war ein Meister des optischen Effekts der sogenannten „Lichtrahmenschicht", der das Gewölbe in überraschender Helligkeit erstrahlen lässt. Schon am Eingang empfängt den Besucher das milde Licht. Es bricht sich seine Bahnen an der feinen Stuckatur Wessobrunner Schule von **Joseph Schmuzer** und den mit Gemälden von **Magnus Remy** verzierten Gewölben. Bemerkenswert sind die zahlreichen üppig gestalteten Altäre, einzigartig aber ist die Kanzel in Form eines Schiffsbugs von **Ignaz Hillenbrand**, die unter anderem als Sinnbild der Schiffspredigt Christi interpretiert wurde.

Das herausragende Schmuckstück des 1707-29 neu erbauten Klosters ist das prächtige, stuckverzierte Treppenhaus im Westflügel. Nach einer aufwendigen Restaurierung von 1974-1981 präsentieren sich die Klosterhallen wie ehedem – Unruhen, Bauernkrieg und Dreißigjähriger Krieg hatten auch die bauliche Substanz nicht verschont.

Heute bestimmen geistige Diskurse, Kreativität, Kunst und Musik Geschehen und Atmosphäre in Irsee. Zu den jährlichen Highlights zählen „Klang & Raum" als internationales Festival für Alte Musik, das Autorentreffen „Irseer Pegasus" und der Schwäbische Kunstsommer „kunst leben".

(F 4) Kloster Irsee, Schwäbisches Tagungs- und Bildungszentrum, Klosterring 4, 87660 Irsee, Tel. (083 41) 906 00, info@kloster-irsee.de, www.kloster-irsee.de

OSTALLGÄU

(G 7) Füssen

In der Altstadt vermischen sich Gotik und Barock. Das Hohe Schloss, einst Sommerresidenz der Fürstbischöfe von Augsburg, und das frühere Kloster St. Mang sind die großen Sehenswürdigkeiten der Stadt, die ihre Blütezeit im 15./16. Jh. hatte. Füssen-Bad Faulenbach hat sich zum eigenen Kur- und Urlaubszentrum entwickelt.

Kloster St. Mang
Das einstige Benediktinerkloster überrascht u.a. durch einen prunkvollen barocken Festsaal, heute gern genutzt für Hochzeiten. In weiteren Konventräumen befindet sich das Museum der Stadt Füssen (u. a. Instrumentenbau und ein bedeutender Totentanz von Jakob Hiebeler, um 1600). Die Stiftskirche barockisierte Johann Jakob Herkomer 1701-1717. Ihr großer Schatz ist die frühromanische Krypta mit Wandmalereien (um 980).
Lechhalde 3
Tel. (083 62) 90 31 46
Apr.-Okt. Di-So 11-17, Nov.-März Fr-So 13-16 Uhr; 2,50 €

Hohes Schloss
Das weitläufige, spätgotische Schloss ist hervorragend erhalten. Im Innenhof faszinieren die Lüftlmalereien (um 1499), ein einziges großes Trompe-l'œil mit aufgemalten Erkern und gotischem Scheinmaßwerk. Heute beherbergt das Gemäuer die Staats- und die Städtische Gemäldegalerie (v. a. 15./16. u. 19. Jh.). Im Rittersaal ergänzt eine um 1500 entstandene Kassettendecke die spätgotische Kunst.
Magnusplatz 10
Tel. (083 62) 90 31 45
Apr.-Okt. Di-So 11-17, Nov.-März Fr-So 13-16 Uhr; 2,50 €

(F 4) Kaufbeuren

Die historische Innenstadt mit den hübschen Gassen wirkt durch ihre Geschäftigkeit überhaupt nicht museal. Die Kaiser-Max-Straße ist die breite Hauptachse, die im Osten das stattliche Rathaus (um 1880) beschließt. Im Zentrum schmiegen sich die Häuser eng an die St.Martins-Kirche (romanisches Taufbecken und spätgotische Schnitzfiguren). Im Westen verbindet ein Wehrgang den Fünfknopfturm (1420) mit der St.-Blasius-Kapelle. Den feingliedrigen Hauptaltar (1518) des gotischen Gotteshauses, der als ein Hauptwerk der oberschwäbischen Spätgotik gilt, schuf Jörg Lederer. Das Crescentiakloster mit der Reliquie der heiligen Crescentia ist ein beliebtes Pilgerziel. Der Stadtteil Neugablonz entstand nach dem Zweiten Weltkrieg als neue Heimat für 18 000 vertriebene Sudetendeutsche aus Gablonz (Jablonec), die ihre Fertigkeiten in der Modeschmuck- und Glasherstellung mitbrachten. In Neugablonz gibt es zahlreiche Unternehmen dieser Branche.

Lechbruck

Das durch die Flößerei von Holz aus den Alpen einst bedeutende Dorf am Lech ist ein ideales Ziel für Familienurlaub. Vier Badeseen, Floßfahrten auf dem Lech, viele

Einst Rückzugsort für Eremiten, heute Tagungsort für Bildungshungrige: das barocke Kloster Irsee

Sportmöglichkeiten, u. a. Golf. Interessantes Flößermuseum.

(F 5) Marktoberdorf

200 Jahre alte Linden säumen die 2 km lange Kurfürstenallee, die 1774-1780 von Kurfürst Clemens Wenzeslaus angelegt wurde und zum ehemaligen fürstbischöflichem Schloss führt. In dem Vierflügelbau von 1723-28 finden Kurse der Bayerischen Musikakademie statt, die auch Festivals veranstaltet (www.musikinbayern.de/mib_bmm). Nebenan befindet sich die St.-Martins-Kirche (1732-38).

(F 6) Nesselwang

Beliebter Urlaubsort mit Bierbrautradition (Post-Brauerei seit 1650). Die Ortskirche St. Andreas ist neubarock, in Wanderdistanz befinden sich zwei schöne Wallfahrtskirchen (Maria Trost und Maria Rain).

(F 7) Pfronten

Unter Kur-, Winter- und Sommersportgästen gleichermaßen beliebte Urlaubsgemeinde aus 13 einzelnen Siedlungen mit guter touristischer Infrastruktur und zahlreichen Ausflugsmöglichkeiten. So befindet sich z. B. die Ruine Falkenstein in der Nähe und auch ins Tannheimer Tal ist es nicht weit.

(G 7) Schwangau

In traumhafter Lage zwischen Forggensee, Königsschlössern und Tegelberg (1879 m). Der beliebte Ausflugs- und Wanderberg ist bequem per Kabinenbahn erreichbar. Spektakulär ist die Sicht von der Marienbrücke, die in 92 Meter Höhe die Pöllatschlucht überquert.
Tegelbergbahn, Tegelbergstr. 33
Tel. (083 62) 983 60
www.tegelbergbahn.de
Berg- und Talfahrt 16 €

Kirche St. Koloman
Wallfahrtskirche (1673-78) im frühbarocken Stil.
s. S. 137 u. 160

Schloss Hohenschwangau
Das neugotische Schloss wurde 1832-1837 als Sommerresidenz für Kronprinz Maximilian gebaut, die überall präsenten romantischen Ritter- und Heldensagen boten auch Ludwig II. Stoff für seine Träume.
Weitere Infos auf S.104

Schloss Neuschwanstein
siehe Seite 96

(F 6) Seeg

Pfarrkirche St. Ulrich
Mitte des 17. Jhs. erbautes Barock-Kleinod im Allgäuer Stil mit farbenfrohen Freskomalereien (u. a. Joh. Baptist Enderle). Prägend für das heutige Bild ist die Erweiterung (1710) durch Johann Jakob Herkomer.

(G 6/7) Forggensee

Bannwaldsee, Obersee und Hopfensee: Unter den vielen attraktiven Gewässern in und um Füssen ist der Forggensee der größte. Der Stausee entstand 1954. Nur im Sommer ist er ganz gefüllt, dann verkehren die zwei Boote der Forgenseeschifffahrt. Im Winter kann die dann freiliegende Vergangenheit erkundet werden, Straßendämme der römischen Via Claudia Augusta und die Grundmauern des aufgegebenen Weilers Forggen.

MERIAN | TIPP

Burgruinen

Auf engstem Raum finden sich im Allgäu über 300 Befestigungen, davon 60 erhaltene Burgen, Schlösser und Burgruinen. Durch ein EU-Projekt haben die Regionen Ost-, Unter- und Oberallgäu 38 davon ins Licht gerückt. Ruinen wurden gesichert und begehbar gemacht, ihre oft spannende Geschichte aufgearbeitet. Manche haben die Machtpolitik ihrer ehemaligen Herren gut überstanden, etwa die Mindelburg (E/F 2/3), die Kronburg (C/D 4) oder das Hohe Schloss in Füssen (G 7). Andere zeugen von Kriegen, etwa die nebeneinander liegenden Burgen Eisenberg (F 6) und Hohenfreyberg (F 6) oberhalb Zells. Die auf 1277 m Höhe liegende Burg Falkenstein (13. Jh) jedoch war von Anbeginn weder zum Wohnen noch militärisch brauchbar. Nur die Aussicht ist auch heute noch atemberaubend.

Mehr im Allgäuer Burgenmuseum (Kempten), in Buchform (s.S.161) oder unter www.burgenregion.de

MERIAN | TIPP

Kräuter-Küche

Axel Kulmus bereitet himmlische Gerichte zu und verliert dabei die Bodenhaftung nicht

Donnerstagabend, Musikanten-Stammtisch im Gasthof „Rössle" in Stiefenhofen. Die ganze Runde singt, orgelt und zupft, dass die Wände zittern. Die unverkitschte Volksmusik vermischt sich mit einer fröhlichen Stimmung im Gastraum. Das „Rössle" ist das Gegenteil eines Gourmetlokals mit weißen Damasttüchern und sanfter Hintergrundmusik. Es setzt vielmehr auf eine volkstümliche, jahrhundertealte Tradition: Das Wirtshaus hat seine Wurzeln im 17. Jahrhundert. Doch an den knorrigen Holztischen sitzen nicht nur Gäste von nebenan, sondern auch Städter mit von Sterneköchen verwöhnten Gaumen.

Axel Kulmus holt Fangfrisches für die Küche

Das liegt vor allem an den allgäu-schwäbischen Speisen: **Rössle-Wirt Axel Kulmus** bereitet köstliche Kräutergerichte zu. Dem Bauern von nebenan jubelt er ein ungewöhnliches Kraut unter sein Allgäuer Leibgericht und redet ihm zu, bis er seine Abneigung und sein Vorurteil („Unkraut auf dem Teller!") überwindet. Den Feinschmeckern empfiehlt Kulmus seine phantasievollen Eigenkreationen, etwa den „Wildkräutersalat an Holunderblütendressing", das „Heublumensüppchen" und die pikant gekräuterte „Perlhuhnbrust an Cassissauce mit Mandelbrokkoli und Brennnesselschupfnudeln". Vielleicht darf es als Nachspeise Ringelblumen-, Estragon- und Rosenblütenparfait sein? Und am Schluss ein Vogelbeerschnaps oder Kräuterlikör?

Axel Kulmus macht vieles selbst: Er backt Brot, hat eigene Bienen, schwört auf seine Nudeln und räuchert Fleisch vom Metzger gegenüber. Den Schnaps brennt Schneider auf seiner Kräuter-Alp in 1300 Meter Höhe. Auch die Zutaten kommen aus der Gegend: Direkt vor dem Haus blüht im Sommer ein üppiger Kräutergarten, eine nahe Bergwiese ergänzt das Angebot. Überhaupt solle man im Sommer kommen, meint Kulmus. „Dann blühen die Wiesen so schön wie nirgendwo sonst!"

(C 7) Landgasthof Rössle Stiefenhofen (nahe Oberstaufen)
Hauptstr. 14, Tel. (083 83) 920 90, www.roessle.net
Mittwoch Ruhetag, Mitte Nov. bis Anfang Dez. geschlossen
Kräutermenü ca. 30 €, gemütliches DZ ca. 60 €

RESTAURANTS

(E 7) Bad Oberdorf
Obere Mühle
In einem urtümlichen Gastraum werden Gerichte aus regionalen Zutaten auf hohem Niveau serviert. Den Begriff „regional" nehmen die Betreiber ernst, auf die Teller kommt etwa „Milchkalb von Max Bach aus Bad Oberdorf" oder „Junges Wild aus Wertach". Lassen Sie sich nicht den Rohmilchkäse aus der hauseigenen Biokäserei entgehen! Reservierung ist nötig, Übernachtung möglich.
Ostrachstraße 40
Tel. (083 24) 28 57
www.obere-muehle.de €€

(D 8) Bolsterlang
Kitzebichl
Der gebürtige Österreicher Guido Ritzinger verschmelzt heimische mit internationaler Kochkunst, was nicht nur den Gästen, sondern auch den Gastrokritikern zu schmecken scheint. Weinkarte mit deutschen und österreichischen Tropfen. Tolle Aussicht von der Terrasse.
Flurstr. 5, Tel. (083 26) 96 09
www.kitzebichl.de €€

(C 4) Illerbeuren
Museumsgasthof Gromerhof
In einem Fachwerkhaus des Bauernhofmuseums Illerbeuren gibt es eine rustikale Gaststube und neben saisonalen Spezialangeboten (Bärlauch, Spargel, Kartoffel, Wild) traditionelle Speisen wie Krautkrapfn, Kässpätzle oder „Versoffene Jungfer", eine Nachspeise aus einem süßen Küchlein und Rotweinsauce. Der Betrieb ist Mitglied des LandZunge-Verbands (www.landzunge.info), eines Gemeinschaftsprojekts regionaler Gasthöfe und Erzeuger.
Museumsstraße 4
Tel. (083 94) 594
www.gasthof-gromerhof.de €

(b 4) Kempten
Skyline
Das Restaurant im „Parkhotel Kempten" wird seinem Namen mehr als gerecht: Die Gäste schwirren mit dem Außenlift nach oben und können beim Verzehr eines Angus-Steaks oder einer Grillplatte die Weitsicht über Kempten genießen.
Bahnhofstraße 1
Tel. (08 31) 252 75
www.parkhotelkempten.de €€

(E 3) Köngetried
Katzbrui-Mühle
Fast wäre die idyllisch liegende Getreidemühle aus dem 17. Jh. gänzlich verfallen. Doch 1949 wurde hier das Grimm-Märchen „Hans im Glück" verfilmt. Die Fans pilgerten zum Drehort, der improvisierte Wirtsbetrieb rettete schließlich das alte Mühlengebäude. Mehrfach ausgebaut, ist die Mühle heute ein beliebter Ort zum Heiraten und Einkehren, es gibt selbstgebackenes Brot sowie Forellen aus dem Teich nebenan. Übernachtung möglich.
Katzbrui 7, Tel. (082 69) 575
www.katzbrui-muehle.de €

(A 7) Lindau
Villino
Inspiriert von der italienischen und asiatischen Küche und trotzdem der Region verbunden ist Reiner Fischers *cucina dei sensi.* Aus der „sinnlichen Küche" kommen Kreationen wie kurz gebratener Thunfisch auf Gurken-Sesam-Joghurt, Wildfang-Steinbutt mit Gemüse-Lasagne und Oliven-Emulsion oder warmes Apfel-Lassi mit Champagner-Granité. Exklusiv.
Hoyerberg 34
Tel. (083 82) 934 50
www.villino.de €€€

(C 7) Oberstaufen
Ambiente
Vom Gastraum aus kann man zusehen, wie in der Showküche Fisch und Fleisch vor sich

Die großen Lettern (E 7) beziehen sich auf die MERIAN-Karte, die kleinen auf die Stadtpläne auf Seite 155

INFO

Entspannung im Gastgarten: Das Café „Blaues Haus" in Oberstaufen, nordisch inspiriert

hinbrutzeln. Hier wirkt das Team um Richard und Karin Zwick, die auch schon den legendären Promi-Caterer Gerd Käfer begeisterten. Serviert wird z. B. Champagner-Senfschaumsüppchen mit St. Pierre auf getrüffeltem Püree oder rosa gebratene Entenbrust mit Sesam-Chilikaramell an asiatischem Ingwergemüse und Duftreis.
Kalzhofer Straße 22, Tel. (083 86) 74 78
www.ambiente-oberstaufen.de €€

(D 8) Oberstdorf
Karatsbichl
Auf dem Weg Richtung Fellhorn lohnt ein Abstecher zu diesem Traditionsgasthof. Urige Stube oder Sonnenterrasse in schöner Berglandschaft – und dazu eine fangfrische Forelle.
Karatsbichl 1, Tel. (083 22) 45 72
www.karatsbichl.de €

Königliches Jagdhaus
Feinschmecker zieht es in die Gourmetstube „Le Royal", wo Peter Strauss in Nussbutter confierten Seesaibling oder ein Duett von Reh und Hirsch mit Topinambur und Cramberry-Rosenkohl zubereitet. Die Stuben bieten regionale Speisen, ab Mai auch im Biergarten.
Ludwigstr. 13, Tel. (083 22) 98 73 80
www.koenigliches-jagdhaus.de
Le Royal €€€; Stuben, Biergarten €

Maximilians
„Für mich gab's nur Koch oder Fußballer", erinnert sich Ludger Fetz an seine Jugend. Seit er 1992 mit Ehefrau Margret das „Maximilians" eröffnete, dürfen sich die Gäste freuen, dass er sich für Ersteres entschieden hat. Hier wird klar und ehrlich gekocht, gern auch mit exklusiven Zutaten wie Trüffel und Gänsestopfleber. Das Elternhaus seiner Frau wurde 2003 zu einem kleinen Vier-Sterne-Hotel umgestaltet.
Freibergstraße 21, Tel. (083 22) 967 80
www.maximilians-restaurant.de €€€

Kulinarische Erlebnisse, keine Abenteuer im Maximilians in Oberstdorf

(F 7) Pfronten
Schlossanger Alp
Im Berghotel serviert Barbara Schlachter-Ebert Neukreationen wie Petersilienwurzelsuppe mit Kalbsbries und Klassiker, zu denen das Schweinefilet mit Speckmantel und die Tomatensuppe mit Gin gehören. Gehobene Regionalküche, gute deutsche Weine.
Am Schlossanger 1
Tel. (083 63) 91 45 50
www.schlossanger.de €€

CAFÉS

(f 2) Memmingen
Grand Café und Confiserie Rau
Edles Traditionscafé in einem restaurierten Altstadtensemble. Im Hof können die Passanten durch ein Fenster den Tortenbäckern bei der Arbeit zusehen, drinnen sitzen die Gäste beim Frühstück, bei Kaffee und Kuchen oder vor einer der leckeren Eiskreationen.
Zangmeisterstraße 4, Tel. (083 31) 34 24
www.grandcaferau.de

(C 7) Oberstaufen
Blaues Haus
Selbstbedienungscafé, Wohnaccessoire-Boutique und Ausstellungsraum in einem. Und dazu gibt es ein köstliches Kuchen- und Kaffeeangebot.
Freibadweg , Tel. (083 86) 44 76
www.blaueshaus-oberstaufen.de

(A/B 6) Wangen
Fidelisbäck
Die Backtradition des Hauses reicht bis 1505 zurück, um die Wende zum 19. Jahrhundert kam wohl der Gastraum dazu. Der „Fidi" ist beliebt wegen des rustikalen Brots am frühen Morgen oder der kalten Vesper oder dem Leberkäs' am Tag.
Paradiesstraße 3, Tel. (075 22)79 59 31
www.fidelisbaeck.de

Preiskategorien

Preis für ein Hauptgericht
€ bis 15 Euro
€€ 15 bis 25 Euro
€€€ über 25 Euro

MERIAN | TIPP

Bergbauernhotel

Natur, Erholung, Gesundheit – das ist die Philosophie von Klaus und Sigrid Hauber. Ihr erstklassiges Bergbauernhotel wird konsequent in diesem Sinn betrieben, und stets erlebt der Gast, dass sich das Hoteliers-Ehepaar ganz persönlich um sein Wohlergehen bemüht. Landhaus und Gutshof sind mit komfortablen Apartments, Zimmern, großzügigen Wellnessbereichen mit Saunen und Schwimmbädern ausgestattet, es kann unter vielen Gesundheits- und Wohlfühlprogrammen gewählt werden. Dem Chef liegt aber genau so sehr die unmittelbare Berührung des Gastes mit der Natur am Herzen. Schließlich ist er gelernter Landwirt. Und so hat er auf seinem 46 Hektar großen Naturgrund für Aussichtspläze mit Hängematten gesorgt, für das Sonntagsfrühstück in freier Natur, und gern führt er schon mal Wanderungen für die Gäste.

(C 7) Alpenresort Hauber
Landhaus und Gutshof
Oberstaufen-Kalzhofen
Meerau 34
Tel. (083 86) 933 05
www.hauber-hotels.de €€€

„Haubers Gutshof": unverstellte Aussicht mitten in der Natur

Viele Hotelbetreiber im Allgäu bieten ihren Gästen preiswerte Wochen- und Themenpauschalen an – nachfragen lohnt sich. Persönlicher und oft preiswerter als die großen Hotels sind die Privatzimmer und -wohnungen, die in kleineren Bergdörfern häufig die Mehrzahl der Betten ausmachen. Eine weitere Variante ist der Urlaub auf einem Bauernhof: Die Gäste dürfen manchmal mithelfen und sind in jedem Fall hautnah am bäuerlichen Leben. Infos und Anbieter:

„Allgäu Gastgeber mit Herz" (Privatunterkünfte)
www.allgaeu-gastgeber mitherz.de
Tel. (08 31) 575 37 60

„Urlaub auf dem Bauernhof"
www.allgaeu-urlaubaufdem bauernhof.de
Tel. (08 31) 96 06 61 31

(E 7) Bad Hindelang
Hotel Prinz-Luitpold-Bad
Das Kurhotel mit Schwefelmineralquelle war in Bayern eines der ersten seiner Art und darf sich seit 1888 mit dem Namen eines illustren Gastes, Prinzregent Luitpold, schmücken. Bis heute liegt der Schwerpunkt auf Schwefelmineralbädern, dazu kommen Anwendungen mit alpinem Hochmoor. Der exzellente Service und die Aussicht lässt die etwas dunkel und veraltet wirkende Ausstattung schnell vergessen.
Andreas-Gross-Straße 7
Tel. (083 24) 89 03 31
www.luitpoldbad.de €€

(F 3) Bad Wörishofen
Sebastianeum
Das Kurhaus wurde 1891 von Sebastian Kneipp selbst gegründet, hier führte er seine Sprechstunden für die Kurgäste durch. Seit 1893 ist der Orden der Barmherzigen Brüder Träger dieses Hauses. Das Küchenteam sorgt für eine gesunde Ernährung, die barocke Hauskapelle für das spirituelle Wohlbefinden.

1

Nur Vollpension möglich (im Zimmerpreis inbegriffen).
Kneippstr. 8, Tel. (082 47) 35 50
www.sebastianeum.de €€

(C 8) Balderschwang
Wellnesshotel Hubertus
Nicht nur die Lage auf über 1000 Höhenmetern sorgt für ein kuscheliges Bergambiente, auch die gelungene Mischung aus Tradition (Lärchenholzböden, Felle, Wärmflaschen) und Moderne (großer Wellnessbereich, Flatscreen-TV, CD-Anlage) trägt dazu bei. Gemütlich.
Dorf 5, Tel. (083 28) 92 00
www.hotel-hubertus.de €€€€

(D 8) Bolsterlang
Landhaus Bolgental
Manuela und Wolfgang Semet sorgen in ihrem Familienbetrieb ebenso herzlich wie humorvoll dafür, dass sich die Gäste wohlfühlen. Sie wirkt in der Küche, er werkelt an immer neuen Projekten. Die letzten bescherten dem Gasthof u. a. ein eigenes, exklusiv in einem Einmannbetrieb nahe Kaufbeuren gebrautes Bier. Ruhige Lage, Fackelwandern und finnische Sauna.
Sonderdorf 18
Tel. (083 26) 74 44
www.landhausbolgental.de €

(G 7) Füssen
Hotel Hirsch
Das Traditionshotel entstand 1904 im Jugendstil und ist mit Erkern und Rundtürmen besetzt. Die Fassade wurde mehrmals umgestaltet, das historische Flair hat sich bis heute erhalten. Hier logierten schon Steve McQueen und Theodor Heuss. Einige Zimmer sind thematisch eingerichtet, das Carl-Spitzweg-Zimmer zum Beispiel ist mit Zeichnungen des Künstlers und Büchern über ihn ausgestattet.
Kaiser-Maximilian-Platz 7
Tel. (083 62) 93 98 0
www.hotelhirsch.de €

(G 7) Hohenschwangau
Schlosshotel Lisl
Der tägliche Touristenrummel lässt die Lage direkt bei den Schlössern zwar eher unattraktiv erscheinen. Doch wenn die Besucherströme vorbei sind, versteht man, warum sie gerade an dieser Stelle errichtet wurden: Die Umgebung ist traumhaft, ein Bad im Alpsee wird vor der Bergkulisse zum Erlebnis. Noch mehr Authentizität bieten die im Stil der Jahrhundertwende eingerichteten Zimmer in der Villa Jägerhaus direkt gegenüber.
Neuschwansteinstraße 1-3
Tel. (083 62) 88 70
www.hohenschwangau.de
Hotel Lisl €€
Jägerhaus €€€

(E 8) Hinterstein
Prinz-Luitpold-Haus
Eine der vielen Alp- und Schutzhütten in den Allgäuer Bergen. Das Prinzip: zu Fuß anreisen und im Mehrbettzimmer oder Bettenlager in einmaliger Lage übernachten – hier etwa auf einem Bergkamm in 1846 Meter Höhe. Am Morgen heißt es: früh aufstehen und weiterwandern. Aktiverholung weitab der Stadthektik. Anreise per Auto bis Hinterstein möglich, danach Bus bis zum Giebelhaus und 2-3 Std. Fußmarsch. Im Winter geschlossen, Saisonbeginn im Juni.
Hütten-Hotline:
(083 22) 70 01 54
www.prinz-luitpoldhaus.de €

(c 2) Kempten
Hotel Fürstenhof Kempten
Im Vorgängerbau des stattlichen Gebäudes logierten die Hohenstaufer und Habsburger, heute übernachten hier Gäste, die ein zentrales, historisches Stadthotel suchen, ohne dafür viel zu bezahlen.
Rathausplatz 8
Tel. (08 31) 25 36 0
www.fuerstenhof-kempten.de €

Die großen Lettern (E 7) beziehen sich auf die MERIAN-Karte, die kleinen auf die Stadtpläne auf Seite 155

1 „Hotel Hubertus" in Balderschwang: traditionell und modern
2 „Relaxhotel Nebelhorn" in Obermaiselstein: mit Alpenpanorama

(D 8) Obermaiselstein
Relaxhotel Nebelhorn
Durch das ruhige, gänzlich von Folklorekitsch befreite Design hebt sich die Unterkunft angenehm vom Großteil der Konkurrenz ab. Weitere Besonderheit: Das Haus in Obermaiselstein südwestlich von Fischen ist ein zertifizierter Bio-Betrieb und hat sich auf Sportrehabilitation und ganzheitliche Physiotherapie spezialisiert.
Am Herrenberg 10
Tel. (083 26) 363 80
www.nebelhorn-relax.de
€€€€

(D 8) Oberstdorf
Hotel Oberstdorf
Modernes Viersternehotel oberhalb von Oberstdorf im gelungenen Ethno-Schick. 700 m² Wellnessbereich, in dem sich die Gäste vom Außen-Solepool über eine Steinsauna bis zum Brotbad (!) vergnügen und wohlfühlen. Das hochwertige Frühstücks- und Abendbuffet – von fast 30 verschiedenen Backwaren am Morgen bis zum 5-Gängemenü mit Heubraten am Abend – lässt keine Wünsche offen.
Reute 20
Tel. (083 22) 94 07 70
www.hotel-oberstdorf.de €€€

Hotel Rex
Die Lage am Kurpark verspricht Ruhe, zum Zentrum ist es dennoch nicht weit. Zimmer mit Balkon oder Terrasse.
Clemens-Wenzeslaus-Straße 3
Tel. (083 22) 968 90
www.hotelrex.de €

(D 3) Ottobeuren
Parkhotel Maximilian
Wellnesshotel direkt am Waldrand, nur nur wenige hundert Meter von der Ottobeurer Basilika entfernt. Draußen dampft auch bei eisigem Wetter ein Salzwasserschwimmbad mit angenehmen 29 Grad, gleich daneben wartet eine öffentliche Minigolfanlage auf Gäste, für die der echte Golfplatz in der Nähe eine Nummer zu groß ist.
Bannwaldweg 11
Tel. (083 32) 923 70
www.parkhotel-ottobeuren.de
€€

(D 7) Ofterschwang
Sport- und Kurhotel Sonnenalp
Die mehrfach ausgezeichnete Sonnenalp gilt als eines der besten Wellnesshotels Deutschlands. Mittlerweile in der vierten Generation, hält Familie Fäßler den hohen Standard. Riesige Spa- und Bäderlandschaft, zwei 18- und ein 9-Loch-Golfplatz und mehrere Restaurants. Ein Klassiker.
Schweineberg 10
Tel. (083 21) 27 20
www.sonnenalp.de €€€€

(F 7) Pfronten
Burghotel auf dem Falkenstein
Bei der Ruine Falkenstein wollte Ludwig II. sein nächstes Schloss bauen. Dazu kam es nicht, dafür thront nun auf 1250 Meter Höhe dieses Hotel mit derselben königlichen Aussicht. Sie entschädigt mehr als genug für die etwas überladene Zimmerausstattung (Romantikzimmer à la „Sissis Herz"). Auch vom Wellnessbereich ist der Blick in die Ebene und auf die Berge möglich.
Auf dem Falkenstein 1
Tel. (083 63) 91 45 40
www.burghotel-falkenstein.de
€€€

(D 9) Riezlern
Scharnagl's Alpenhof
Eine kleine kulinarische Oase im Kleinwalsertal: Von den fünf Zimmern gelangen die Gäste im Nu auf den nächsten Wanderweg oder ins Skigebiet. Die Halbpension lohnt sich hier bestimmt, Jürgen Scharnagl wurde 2008 im „Gault-Millau" mit 14 Punkten ausgezeichnet. Reservierung empfohlen.
Zwerwaldstraße 28
Tel. (00 43) 55 17 52 76
www.scharnagls.de €

MERIAN | TIPP

77 Top-Hotels

Wohlfühlurlaub mit individuell-persönlicher Note ist das Motto von 77 privat geführten Allgäuer Hotels in 28 Orten. Die klassifizierten Häuser mit drei, vier oder fünf Sternen haben sich zu den „AllgäuTop& LandHotels" zusammengeschlossen. Schöne Aussichtslagen, erholsames Ambiente und eine abwechslungsreiche Küche mit regionalen Produkten sind kennzeichnend für die hohe Angebots- und Servicequalität. Die Gastgeber trumpfen mit Herzlichkeit und spiegeln damit die über Jahrzehnte gewachsene Allgäuer Gastkultur. Für Ski und Wandern, Wellness und Kur gibt es rund ums Jahr attraktive Arrangements, auch für Familien und Golfer
www.allgaeuhotels.info
Tel. 0800 257 36 78

Preiskategorien

Preis für das günstigste Doppelzimmer/Frühstück in der Hochsaison:
€ bis 100 Euro
€€ 100 bis 150 Euro
€€€ 150 bis 200 Euro
€€€€ über 200 Euro

MERIAN | TIPP

In die Lüfte

Ballonfahrten
Im Heißluftballon über die abwechslungsreiche bayerische Seen- und Bergwelt zu schweben, ist zwar nicht besonders sportlich, dafür ein unvergessliches Erlebnis. Ein besonders für Touren im „Königswinkel" bewährter Ansprechpartner ist

(F 6) Bavaria Ballonfahrten
Seeg im Allgäu
Hitzleriederstr. 15
Tel. (083 64) 98 60 68
www.bavaria-ballon.de
Fahrten ab 150 € pro Person

Gleitschirm- und Drachenfliegen
Man muss ja nicht gleich allein in die Luft steigen, Nervenkitzel und Freiheitsgefühl stellen sich auch bei einem Tandemflug ein.

(D 8) Blum Tandemflug Allgäu
Oberstdorf, Rohrmooser Str. 10
Tel. (083 22) 81 39
www.tandemflug-allgaeu.de
ab 139 €

(G 7) Flugschule Aktiv
Schwangau, Tegelbergstr. 33
Tel. (083 62) 92 14 57
www.flugschule-aktiv.de
ab 135 €

Angeln
An den sauberen Seen, Flüssen und Bergbächen sind die Aussichten auf einen guten Fang vielversprechend: von Forelle und Hecht im Alpsee über Aal, Karpfen und Weißfisch im Forggensee bis zu Zander, Rotauge und Döbel im Grüntensee (**E 6**). Tages- und Monatsangelscheine und Infos zu den Gewässern in den örtlichen Fachgeschäften und Tourismusbüros.

Golf
Mehr als 20 Plätze für Profis und Anfänger finden sich im Allgäu – darunter mit Waldegg-Wiggensbach (**D 5**) der höchste und mit Oberstdorf (**D 8**) der südlichste Abschlag Deutschlands. Nahe am Course gelegene Hotels offerieren z. T. Pauschalangebote für Golfurlauber: www.allgaeu-top-hotels.de (unter „Pauschalen", „Golf"). In Oberstaufen (**C 7**) bieten die Hotelpartner der Aktion „Oberstaufen Plus Golf" freies Spiel auf drei nahe gelegenen Plätzen (www.oberstaufen.de).
www.golfplaetze-allgaeu.de
www.golfurlaub-allgaeu.de
www.allgaeu.info/natur/golf/

Klettern
Das Allgäu besteht nicht nur aus Alpwiesen, sondern auch aus steilen Felswänden, so im Starzlachklamm bei Grünten (**D/E 7**), wo das moderne Sportklettern im Oberallgäu begann. Auch Klettersteige und -gärten bietet die Region: Bei der Mindelheimer Hütte (www.alpenverein-mindelheim.de) (**D 9**) locken über 60 Routen. Ein weiterer Kraxelpfad ist der Hindelanger Klettersteig auf dem Nebelhorn (**E 8**), per Seilbahn von Oberstdorf erreichbar. Auch Teile des Heilbronner Wegs führen über gesicherte Felspfade. Die Klettergebiete konzentrieren sich auf den Raum südlich von Füssen und das Oberallgäu: Grünten, Riedbergpass (**D 8**), Hindelang (**E 7**).

Kuren & Wellness
Das Allgäu ist eine hoch entwickelte Wellnessregion mit langer Tradition – früher sprach man schlicht von „Kur". Jeder Urlaubsort hat seine eigenen Angebote: von Kneipp-, Heu- und Schrothkur über Moor-, Milch- und Kräuterbäder bis zu Schwefelkuren, Flachsbädern und Kraxenöfen (Dampfbad mit Heu). Kneippianer pilgern am besten gleich ins Unterallgäu, vor allem nach Bad Wörishofen (**F 3**), Bad Grönenbach (**D 4**) oder Ottobeuren (**D 3**). In Ottobeuren gibt es eine Klinik für Traditionelle Chinesische Medizin (www.tcm-ottobeuren.de). Wer einfach Entspannung sucht, ist in den Wellnessbereichen der Vier- und Fünf-Sterne-Hotels im Oberallgäu gut aufgehoben. Doch auch viele einfachere Hotels und Gasthöfe bieten mindestens eine Sauna – es ist geradezu schwierig, ein Haus ganz ohne Wellnessangebot zu finden.
www.allgaeu.info/wellness

Nordic Walking
Nesselwang (**F 6**) eröffnete 2003 den Nordic-Walking-Park Allgäu. Mit inzwischen 66 beschilderten Routen in einer Länge von insgesamt ca. 420 Kilometern ist er einer der größten seiner Art. Wen es von den Voralpen weiter in die Berge zieht, der findet u. a. in Oberstaufen und rund um Bolsterlang (**D 8**) und Ofterschwang (**D 7**) weitere große Gebiete. In Ottobeuren (**D 3**) findet im September zum fünften Mal ein Nordic-Walking-Marathon statt.
www.allgaeuer-nordic-walking-marathon.de

Radfahren
Das Allgäu hat einige tausend Kilometer Tourenwege für Mountainbiker, Freizeit- oder Tourenfahrer. Die einzelnen Gemeinden und Verkehrsvereine geben zu ihren gut beschilderten Radwegen Karten heraus, auch Einkehrmöglichkeiten sind verzeichnet. Interaktive Radportale und GPS-Tracks zum Download in vielen Allgäuer Regionen machen die Planung perfekt. Ein Klassiker ist der Illerradweg, eine flache, einfache Nord-Süd-Route von Neu-Ulm über Buxheim (**C 3**) und Kempten (**D 5**) bis nach Oberstdorf (**D 8**). Von Lindau (**A 7**) nach Füssen (**G 7**) verläuft ein Teil des Bodensee-Königssee-Radwegs. Im Ostallgäu führt auf 32 km der Forggensee-Rundweg um das Gewässer, die Dampflokrunde (80 km) folgt über Kaufbeuren (**F 4**), Marktoberdorf (**F 5**) und

Die großen Lettern (E 6) beziehen sich auf die MERIAN-Karte, die kleinen auf die Stadtpläne auf Seite 155

as Alpenland als Radlerland: inter dem Illasbergsee erheben ich die Berge des Ostallgäus

Lechbruck (G 6) zwei früheren Lokalbahnlinien. „Genussradeln" ist im Westallgäu mehr als eine Floskel: An der Westallgäuer Käsestraße (Rundstrecke 150 km, viele ausgeschilderte Abkürzungs- und Nebenrouten) dreht sich alles um Limburger, Emmentaler & Co., Sennereien und Direktvermarkter laden zur Besichtigung und Käseprobe. Sportliche Radler können sich im Oberallgäu austoben, Rennradfahrer etwa auf dem Riedbergpass Fischen-Hittisau (D 8), der höchsten und steilsten Passstraße Deutschlands. Mountainbiker finden ihre Bergstrecken in der Region Alpsee-Grünten (D 7) und im Bikepark Hornbahn Hindelang (E 7).

Reiten

In vielen Orten gibt es Reitmöglichkeiten mit eigenem oder gemietetem Pferd.
Bayerischer Reit- und Fahrverband, www.brfv.de

Segeln & Wassersport

Die wilden Gebirgsflüsse bieten für Kajakfahrer reichlich Gelegenheit, Eskimorollen zu üben, Canyoning-Fans steigen durch Fluss-Oberläufe, Kanuten paddeln eher auf Lech und Iller. Besonders attraktiv für Wasserratten sind jedoch die vielen Natur- und Stauseen des Allgäus. Windsurfer zieht es wegen eines thermischen Frühwinds besonders nach Pfronten (F 7) zum Weißensee. Segeln kann man unter anderem am Großen Alpsee (D 7), am Forggensee (G 6/7), am Niedersonthofener See (D 6) und – nicht zu vergessen – am Bodensee (A 7), gleich um die Ecke.

Wandern und Bergsteigen

Die Region wurde 2007 als beliebtestes Wanderziel Deutschlands ausgezeichnet. Vom kurzen Spaziergang im Voralpenland über den Panoramaweg in den einzigartigen Grasbergen bis zu mehrtägigen Fußmärschen im Hochgebirge ist hier alles möglich. Auch mehrtägige Fernwanderwege sind beliebt, neben dem Maximiliansweg (s. S. 106) z. B. der Oberallgäuer Rundweg oder der Crescentia-Pilgerweg (Kaufbeuren-Ottobeuren-Mindelheim-Kaufbeuren, 88 km). Auch rund um Füssen (G 7) und in der Hügellandschaft des Unterallgäus sind schöne Touren möglich. Besonders bei alpinen Zielen ist eine gute Ausrüstung Pflicht: robuste Bergschuhe, genügend Flüssigkeit, Sonnenschutz, Kompass und eine detaillierte Wanderkarte. Die folgende Auswahl (Vollständigkeit unmöglich) attraktiver Wanderregionen soll die Suche nach dem geeigneten Ziel erleichtern. Vereinfacht lässt sich sagen: Im Norden ist es hügelig, gegen Süden beginnt die typische Allgäuer Alplandschaft mit grünen Wiesen und Grasbergen und schließlich die alpine Bergwelt.
www.allgaeuer-alpen.net

(B-D 7/8) **Naturpark Nagelfluhkette**
Oberstaufen, Blaichach, Balderschwang, Immenstadt, Obermaiselstein, Bolsterlang und österreichische Ortschaften gehören zu den Naturpark-Gemeinden, die auch die bewirtschaftete Kulturlandschaft rund um die 20 km lange Nagelfluhkette bewahren wollen. Sie sind die besten Ausgangsorte für die Wanderungen.
www.nagelfluhkette.info

(D/E 8/9) **Allgäuer Hochalpen**
Ein äußerst attraktives Wandergebiet, besonders für anspruchsvolle Alpintouren. Das Gebirge mit artenreicher Flora und Fauna ist gut von Oberstdorf und Hinterstein erreichbar – beide Ortschaften bieten sich als Ausgangspunkte an (auch geführte Wanderungen). Mit dem Heilbronner Weg verläuft ein im Sommer gut besuchter Traum-Höhenweg durch das Gebiet.
www.allgaeuer-hochalpen.de
www.dav-heilbronn.de

(C/D 9) **Kleinwalsertal**
Der Höhepunkt des Wanderns im Kleinwalsertal ist das Gottesackerplateau, eine einmalige wüstenartige Karstlandschaft, die auch über die Sesselbahn erreichbar ist. Hier sind kurze Panoramawanderungen und ausgedehnte Touren möglich, z. B. die Besteigung des Hohen Ifen (2229 m).
www.kleinwalsertal.com
www.ifen.info

(E/F 7) **Tannheimer Tal**
Von Oberjoch und Pfronten ist es nur ein Katzensprung in das österreichische Hochtal mit einem 300 km langen Wanderwegenetz. Schon zweimal wählten die Österreicher das Tiroler Tal zum beliebtesten Wanderziel.
www.tannheimertal.com

(D/E 7) **Grünten**
Der „Wächter des Allgäus" thront auffällig neben dem „Haupteingang" zum Illertal. Vom Burgberg führt ein gut begehbarer, aber anstrengender Wanderweg auf den 1738 m hohen Gipfel.
www.alpsee-gruenten.de

1. Allgäuer Wandertag
„Wandern mit Kultur" ist das Motto der 1. Allgäuer Wandertage. Auf rund 50 geführten Wanderungen kann man vom 24. August bis 6. September 2009 das Oberallgäu kennen lernen. Der Naturpark Nagelfluhkette ist ein heißer Tipp unter Bergwanderern. Nur an wenigen Stellen sind alpine Erfahrungen erforderlich, meist folgt man einem sanften Auf und Ab in Höhenlagen zwischen 700 und 1830 m. Initiator der Allgäuer Wandertage ist der Heimatbund Allgäu, der für 2010 bis 2012 diese auch in den Landkreisen West-, Ost- und Unterallgäu plant. 2013 wollen der Heimatbund und seine regionalen Partner erstmals den Deutschen Wandertag ins Allgäu holen.
www.allgaeuer-wandertag.de
www.heimatbund-allgaeu.de
www.nagelfluhkette.info

Rast oberhalb von Gerstruben. Der Rückweg wird leichter fallen

Alpinski

Schnee ist garantiert: entweder durch die Höhenlagen oder durch Beschneiungsanlagen. Mehrere Skigebiete gibt es in den Allgäuer Alpen. Wer sich nur schwer entscheiden kann zwischen den Skigebieten des Allgäus, sollte mit dem „Superschnee-Pass" einen Skipass gleich für die gesamte Region erwerben.
www.superschnee.com
4 Tage 131,50 €, 7 Tage 200 €, 14 Tage 305,50 €

(D 8/9) **Oberstdorf/ Kleinwalsertal**
Eine der größten deutschen Skiregionen mit Oberstdorf als Zentrum und guter Schneesicherheit, die u. a. die Abfahrten beim Nebelhorn und das weitläufige Pistennetz rund um Fellhorn und Kanzelwand umfasst.
www.oberstdorf.de

(D 8) **Hörnerdörfer**
Fünf Skigebiete westlich von Fischen. Im hoch gelegenen Grasgehren nehmen die Lifte sehr früh den Betrieb auf, in Ofterschwang ist das Kurven auf einer Weltcuppiste möglich.
www.hoernerdoerfer.de

(E 7) **Bad Hindelang/ Jungholz/Tannheimer Tal**
Skilifte ziehen sich von Bad Hindelang bis ins Tannheimer Tal. Oberjoch ist mit dem großen Skilern- und Erlebnispark für Kinder („Schneekinderland") sehr familienfreundlich.
www.bad-hindelang.de
www.jungholz.de
www.tannheimertal.com

(C 7) **Oberstaufen/Steibis**
Durch die vielen Kurhotels ist in den kleinen Skigebieten um Oberstaufen Sport und Erholung bestens kombinierbar.
www.oberstaufen.de

(F/G 7) **Tegelberg/Breitenberg/ Alpspitz**
Nahe den Königsschlössern bringt eine Gondel Skifahrer auf den Tegelberg. Das Wintervergnügen am Rand der Allgäuer Bergwelt wird durch Lifte bei Pfronten und Nesselwang ergänzt und z. T. durch Flutlicht in den Abend verlängert.
www.tegelbergbahn.de
www.breitenbergbahn.de
www.alpspitzbahn.de

(D 7) **Alpsee-Grünten**
Bei Immenstadt und Rettenberg gibt es Lifte, die für Anfänger und durch die Lage nahe Kempten attraktiv sind.
www.alpsee-gruenten.de

Wintersportbericht:
www.oberallgaeu.de/index.shtml?wintersportbericht

Alpine Information der Kurverwaltung Oberstdorf:
Tel. (083 22) 70 02 00

Langlauf

1000 Loipen- und 500 Skatingkilometer ziehen sich durch das winterliche Allgäu, von Bad Wörishofen über Isny Richtung Bad Hindelang oder durch die Hörnerdörfer bis ins südliche Kleinwalsertal.
www.allgaeu-abc.de/ langlaufen.html

Rodeln

Rasante Schlittenabfahrten werden unter Wintergästen immer beliebter. Karte mit allen Rodelbahnen unter **www.allgaeu.info („Winter", dann „Rodeln im Allgäu")**

MERIAN | RÜCKBLENDE

Der „Notwender"

Der Agrarreformer Carl Hirnbein bereitete den Weg für den Tourismus im Allgäu

Die Wirtschaftsgeschichte des Allgäus kommt nicht ohne den Namen **Carl Hirnbein** (1807-1871) aus. Er wuchs in Wilhams zu der Zeit auf, als Flachsanbau und Leinenweberei – bis dahin Grundlage der Allgäuer Wirtschaft – durch billige Baumwollkonkurrenz unrentabel wurden.
Neue Impulse waren in der rückständigen Heimat selbst nicht zu erwarten, man musste sehen, was andernorts geschah. Rasch kam der junge Mann, der in Italien in die Lehre gegangen war, auf die Idee, die noch bescheidene **Käseproduktion** zu revolutionieren. In Flandern lernte er die Herstellung des haltbaren und transportfähigen **Limburgers** kennen, importierte das Verfahren, und bald fertigten auch die Allgäuer Bauern begeistert diesen Weichkäse.
Die Nachfrage wurde groß. Hirnbein war zum Initiator eines wirtschaftlichen Aufschwungs geworden, doch damit nicht genug. Umtriebig reiste er durch Westeuropa, brachte von der Londoner Weltausstellung 1851 Ideen zum Bau von Güllewagen und einer Röhren- und Ziegelmaschine für die Drainage mit – Dinge, die die Allgäuer Agrarstruktur wesentlich verbessern sollten.
Nachdem der rastlos Reisende in der Schweiz den internationalen Touristenbetrieb auf dem Rigi erlebt hatte, wurde er auch noch zum **Pionier des Allgäuer Fremdenverkehrs**. Unter dem Gipfel des 1738 Meter hohen Grünten ließ er die erste Unterkunftsmöglichkeit für Reisende in den Allgäuer Alpen errichten. Ausgesprochen aufwändig war der Transport der Baumaterialien, doch im Sommer 1854 wurde das **Grüntenhaus** feierlich eröffnet – mit Fremdenzimmern, einem Speisesaal und sogar einer kleinen Bibliothek. Hirnbein warb in deutschen Zeitungen für **das erste Allgäuer Berghotel**, und es dauerte nicht lange, bis das Grüntenhaus Gewinn abwarf. Als Herberge existiert das Grüntenhaus noch heute.
Als „Notwender" ist Carl Hirnbein, der sich auch politisch in der republikanischen Bewegung der Achtundvierziger engagiert hatte, in die Allgäuer Geschichte eingegangen.

(C 6) **Carl-Hirnbein-Museum**
Hauptstr. 45, Missen-Wilhams, Tel. (083 20) 456
Fr 15-17 Uhr und nach Vereinbarung

GESCHICHTSDATEN

Ca. 1200 v. Chr. Die Illyrer lassen sich in Schwaben nieder und bringen die Technik der Eisenverarbeitung in die Region.
5. Jh. v. Chr. Die Kelten besiedeln die Region.
Ab 15 v. Chr. Die Römer besetzen das Alpenvorland und bilden die Provinz Rätien. Kempten entwickelt sich zu einer der bedeutendsten Siedlungen der Gegend. Die römischen Straßen bleiben bis ins Mittelalter wichtige Handelswege.
3.-5. Jh. n. Chr. Die Alemannen nehmen die römische Provinz allmählich in Besitz.
536 Das Herzogtum der Alemannen fällt unter fränkisch-karolingische Herrschaft.
Um 750 Beginn der Missionstätigkeit von Theodor und Magnus, zwei Mönchen aus St. Gallen. Die Klöster in Kempten und Ottobeuren werden gegründet und entwickeln sich schnell zu wichtigen ökonomischen und kulturellen Zentren.
9.-12. Jh. Konflikte zwischen den beiden Familien der Welfen und Staufer prägen die Zeit. Im 9./10. Jh. dominieren die Welfen, ab 1079 die Staufer.
1268 Tod des letzten Staufers. Das schwäbische Herzogtum zerfällt, ein Flickenteppich geistlicher und weltlicher Territorien entsteht. Als dritte Kraft etablieren sich die Freien Reichsstädte Isny, Leutkirch, Kaufbeuren, Kempten, Lindau, Memmingen und Wangen.
14.-15. Jh. Durch Handel und Flachsweberei gelangen die Städte zu Wohlstand.
1488 Zusammenschluss der schwäbischen Reichsstädte im Schwäbischen Bund.
1525 Bauern in Schwaben und anderswo erheben sich gegen ihre Feudalherren. Am 15. März formulieren sie in Memmingen die „Zwölf Artikel", die als ein frühes Manifest der Menschenrechte gelten. Der Schwäbische Bund schlägt den Aufstand nieder, tausende von Bauern werden getötet.
16. Jh. Entlang der unteren Salzstraße wächst der Wohlstand der Handelsstädte. In den meisten Freien Reichsstädten und z. T. in den schwäbischen Territorien setzt sich die Lehre Luthers durch.
1618-48 Im Dreißigjährigen Krieg verliert das Allgäu etwa zwei Drittel seiner Bevölkerung, Die Einwohnerzahl von Kempten schrumpft um etwa neunzig Prozent.
18. Jh. Wittelsbacher und Habsburger streiten sich im Spanischen Erbfolgekrieg (1701-14) auch um Allgäuer Territorien. Um diese Zeit entstehen prachtvolle Barockbauten, z. B. wird Kloster Ottobeuren neugestaltet. Im späten 18. Jh. lösen sich viele Bauern aus der Dorfgemeinschaft, um sich bei ihren Feldern Einödhöfe zu bauen.
1803-10 Nach der Besetzung durch napoleonische Truppen verlieren die Reichsstädte sowie die vielen kleinen geistlichen und weltlichen Territorien ihre Unabhängigkeit. Die meisten werden Bayern zugeschlagen, einige gelangen zu Württemberg.
1810 werden die bis heute geltenden Grenzen festgelegt.
Ab ca. 1830 wird die Milch- und Käseproduktion bedeutend. Wandel vom „blauen" (Flachsanbau) zum „grünen" (Weidewirtschaft) Allgäu. Beginn des Fremdenverkehrs.
1868-86 König Ludwig II. lässt Neuschwanstein bauen.
1886 Der Pfarrer Sebastian Kneipp veröffentlicht „Meine Wasserkur" in Bad Wörishofen.
1925 springt Gustl Müller mit 35 Metern den ersten Rekord auf der neu eingeweihten Skisprungschanze bei Oberstdorf.
ab 1945 Das Allgäu wird neue Heimat für vertriebene Böhmen und Schlesier, die Bevölkerung wächst um etwa ein Drittel.
1972 Die Verwaltungsreform schafft drei neue Landkreise: Unterallgäu, Ostallgäu und Oberallgäu.
2001 Der Vatikan spricht die Kaufbeurer Franziskanerin Maria Crescentia Höß heilig.
2005 Oberstdorf trägt die Nordische Ski-WM aus.

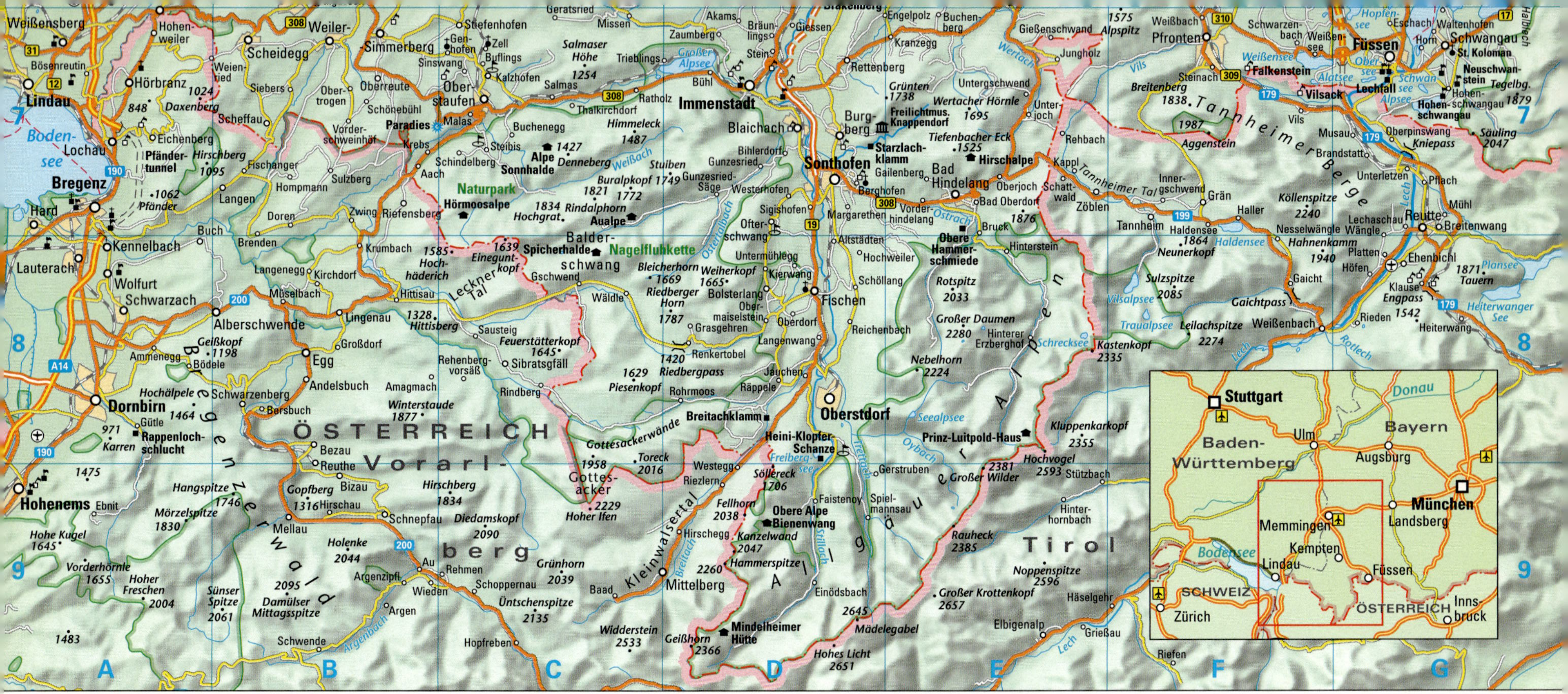

40	Autobahn		Schloss, Burg; Ruine
	Autobahnähnliche Straße		Kirche; Kloster
	Fernverkehrsstraße		Theater
	Hauptstraße	P	Parkplatz
	Nebenstraße		Archäolog. Stätte
	Flughafen; Flugplatz		Golf
DB	Bahnhof		Aussichtspunkt
B	Busbahnhof		Alm, Hütte
	Museum		Naturpark
i	Information		
	Fußgängerzone		

Orte

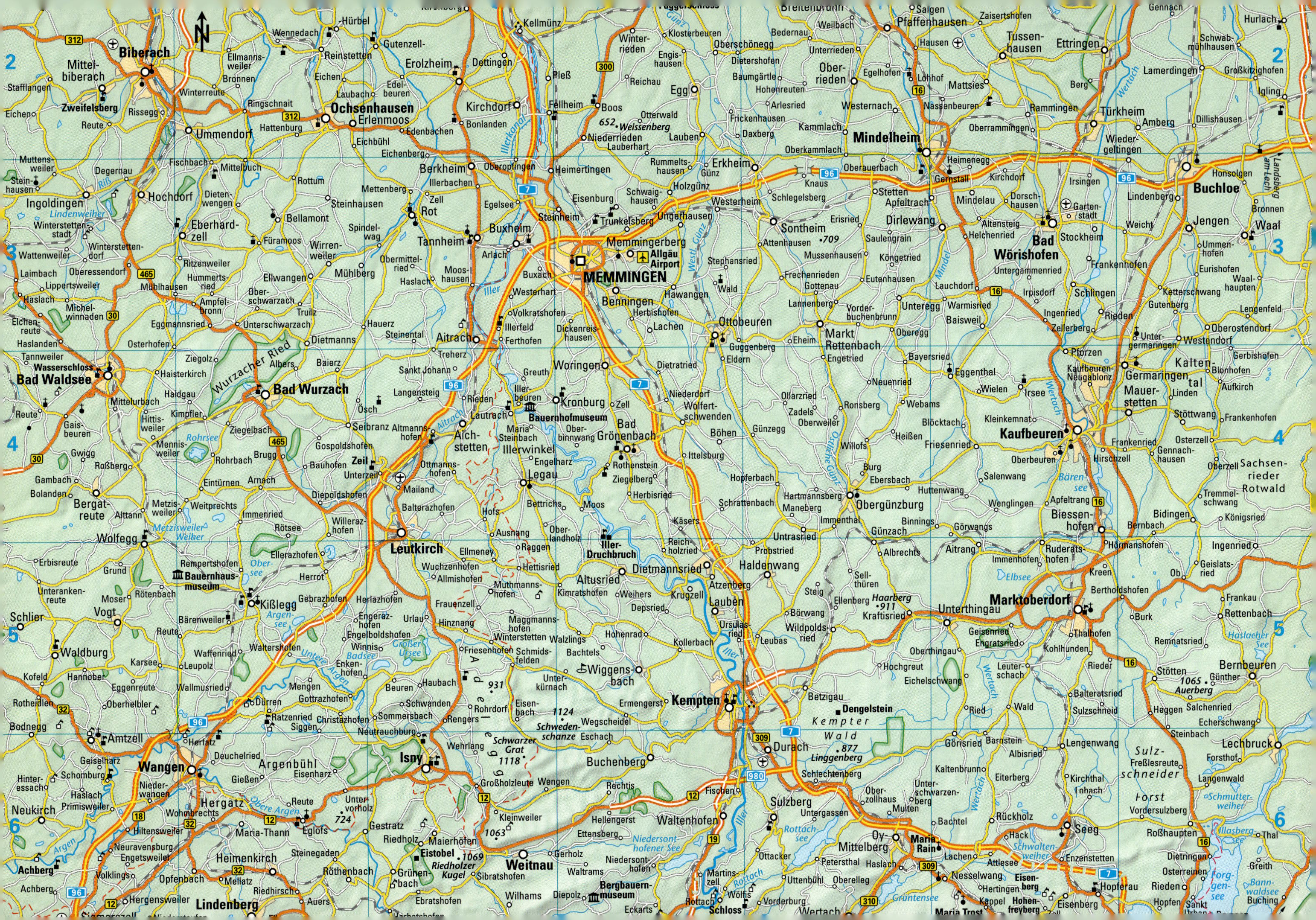
Biberach
Mittelbiberach
Zweifelsberg
Ochsenhausen
Erlenmoos
Ummendorf
Erolzheim
Dettingen
Kirchdorf
Kellmünz
Pleß
Fellheim
Boos
Babenhausen
Winterrieden
Oberschönegg
Pfaffenhausen
Tussenhausen
Ettringen
Türkheim
Amberg
Buchloe
Hurlach
Mindelheim
Oberrieden
Egg
Erkheim
Heimertingen
Berkheim
Rot
Tannheim
Buxheim
Memmingerberg
Allgäu Airport
MEMMINGEN
Benningen
Sontheim
Markt Rettenbach
Ottobeuren
Dirlewang
Bad Wörishofen
Jengen
Waal
Hochdorf
Eberhardzell
Ingoldingen
Bad Waldsee
Wasserschloss
Bad Wurzach
Wurzacher Ried
Aitrach
Woringen
Kronburg
Bauernhofmuseum
Bad Grönenbach
Aichstetten
Legau
Illerwinkel
Leutkirch
Kaufbeuren
Germaringen
Mauerstetten
Obergünzburg
Biessenhofen
Marktoberdorf
Unterthingau
Haldenwang
Dietmannsried
Altusried
Kißlegg
Bauernhausmuseum
Wolfegg
Bergatreute
Vogt
Schlier
Waldburg
Wangen
Amtzell
Argenbühl
Isny
Buchenberg
Kempten
Wiggensbach
Durach
Sulzberg
Waltenhofen
Weitnau
Bergbauernmuseum
Hergatz
Heimenkirch
Lindenberg
Achberg
Neukirch
Oy-Mittelberg
Maria Rain
Nesselwang
Seeg
Lengenwang
Lechbruck
Bernbeuren
Stötten
Auerberg
Kempter Wald
Schwarzer Grat
Eistobel
Riedholzer Kugel
Rottachsee
Grüntensee
Forggensee
Bannwaldsee
Schwaltenweiher
Schmutterweiher
Elbsee
Bärensee
Iller
Wertach
Mindel
Günz
Östliche Günz
Westl. Günz
Illerkanal
Rohrsee
Metzisweiler Weiher
Lindenweiher
Niedersonthofener See
Großer Ursee
Badsee
Untere Argen
Obere Argen
A 7
96
312
300
465
16
12
309
310
980
19
18
32
30
2
3
4
5
6

ANREISE

Die A 96 verbindet München mit Lindau, die A 7 Memmingen über Kempten mit Füssen (Freigabe des letzten Teilstücks im Sommer 2009). Mit der Bahn gelangt man über Ulm, München, Augsburg und Lindau gut ans Ziel. Aus Berlin, Hamburg und Köln fliegt TUIfly (www. tuifly.de) den Allgäu Airport Memmingen an. Dort gibt es Mietwagenstationen. Preisvergleiche lohnen, z. B. unter
www.billiger-mietwagen.de
Allgäu Airport, Schleifweg
Memmingerberg
Tel. (083 31) 984 20 00
www.allgaeu-airport.de

Regionale Verkehrsmittel

Der „Bayern-Takt" der Bahn bietet stündliche Zugverbindungen zwischen Knotenpunkten an. Besonders günstig ist die Reise mit dem „Bayern-Ticket", dem „Schönes-Wochenende-Ticket" der DB und der Allgäu-Walser-Card (s. unten). Busse sind meistens auf die Bahnen abgestimmt. Fahrpläne:
www.dein-allgaeu.de/verkehr/verkehr_verbindungen.html

Allgäu-Walser-Card

Mit der Allgäu-Walser-Card erhält man bei Anreise in der Ferienregion eine Gratis-Gästekarte mit Vergünstigungen bei ca. 100 Freizeiteinrichtungen und Events sowie andere Leistungen der Urlaubsorte. Individuell können kostenpflichtige Pakete zugebucht werden, die z. B. Skipässe und Verkehrsmittel beinhalten. Infos unter
Tel. (083 21) 800 45 41
www.allgaeu-walser-card.com

INFORMATION

Auskunft

Die Allgäu Marketing GmbH ist der Tourismusverband der Region mit ausgezeichnetem Informationsmaterial. Sehr umfassend ist der „Urlaubsguide Allgäu", den man ebenso wie die Spezialprospekte „Naturbunter Familienspielplatz", „Bergeweise Naturerlebnisse" (Aktivurlaub), „Erholsame WohlfühlOase" (Kur und Wellness), „Genussreiches PanoramaRadeln", „Atemberaubendes Panorama Golf", „Stadtspaziergänge" und „MusikHochGenuss" kostenlos telefonisch oder per Internet anfordern kann.
Info-Telefon (018 05) 12 70 00
(14 ct./min., tgl. von 8-20 Uhr)
www.allgaeu.info

Tourist Information Kempten
Rathausplatz 24
87435 Kempten
Tel. (08 31) 25 25-237, 194 33
www.kempten.de
Mai-Okt. Mo-Fr 9-17, Sa 10-13
Nov.-Apr. Mo-Fr 9-12
13.30-17 Uhr

Füssen Tourismus
Kaiser-Maximilian-Platz 1
87629 Füssen
Tel. (083 62) 93 85 0
www.tourismus-fuessen.de
Mo-Fr 9-14, Sa 10-14 Uhr

Oberstdorf
Tourismus Oberstdorf
Prinzregenten-Platz 1
87561 Oberstdorf
Tel. (083 22) 700 0
www.oberstdorf.de
Mo-Fr 8.30-18, Sa 9.30-12 Uhr
Tourist-Info Bahnhofsplatz
tgl. 9-13, 14-18 Uhr

Memmingen Stadtinformation
Marktpl. 3, 87700 Memmingen
Tel. (083 31) 85 01 72
www.memmingen.de
Mo-Fr 9-17, Sa 9.30-12.30 Uhr

Internet

www.allgaeu.info
Reiseziele, Wellness, Hotels, Kulturtipps, Wanderungen – ausführlich und gut gegliedert
www.allgaeu-abc.de
Kommerzielles Infoportal
www.dein-allgaeu.de
Linksammlung zur Region

Im Winter und Sommer

Ausgezeichnete Website rund um das Thema Winter- und Skiurlaub:
www.schneehoehen.de
Für alle Jahreszeiten:
www.alpen-guide.de

Heimatbund Allgäu e.V.

Der seit 125 Jahren bestehende Heimatbund, Dachverband von 35 Vereinen, widmet sich der Bewahrung, Pflege und Weiterentwicklung von Kultur, Kunst, Traditionen, Geschichte, Natur und Landschaft. Er gibt zweimonatlich die ausgezeichnete Publikation „Heimat Allgäu" heraus. Erhältlich ist eine Vielzahl von Büchern, CDs und Noten zum Thema Allgäu.
www.heimatbund-allgaeu.de

VERANSTALTUNGEN

MusikHochGenuss

Zehn Allgäuer Top-Festivals haben sich zum „MusikHochGenuss" zusammengeschlossen. An etwa 100 Spielstätten – meist vor wunderschöner Kulisse von oder in Schlössern, Kirchen, Klöstern, Barockbauten und Bergen – werden 2009 fast 400 hochkarätige Veranstaltungen stattfinden. Geboten wird Musik aus allen Epochen, Meisterkurse für die Stars von morgen und anspruchsvolle Unterhaltung. Die MusikHochGenuss-Saison im Allgäu beginnt im April und endet im Oktober.
www.allgaeu.info/kultur/musik/

Februar
Funkenfeuer

In vielen Orten werden am Sonntag nach Aschermittwoch die Funkenfeuer entfacht. Man trifft sich, ausgestattet mit Lampions und Fackeln, bei Einbruch der Dunkelheit und entzündet Holzstapel sowie die „Funkenhexe", eine Strohpuppe, um den Winter auszutreiben. Je höher die Flamme, desto glücklicher das neue Jahr.

April
Kemptener Jazz Frühling

Für neun Tage verwandelt sich die Stadt in ein Festivalgelände. Gespielt wird Jazzmusik in jeglicher Form, leicht Verdauliches wie auch Avantgardistisches. Ob im kleinen Club, in der Kirche oder Open Air – auf mehr als 30 Bühnen ist für alle etwas dabei
www.klecks.de
Ende April bis Anfang Mai

Mai
Ottobeurer Konzerte

In der Basilika und im imposanten Kaisersaal der Benediktinerabteil findet die bekannte Konzertreihe statt. Berühmte Dirigenten und Orchester bieten erlesene klassische Musik. Von Februar bis November findet außerdem jeden Samstag um 16 Uhr ein Orgelkonzert statt.
www.ottobeuren.de
Mitte Mai bis Ende September

Juni
Freilichtspiele in Altusried

Seit 1879 veranstalten die Bewohner von Altusried die beliebten Freilichtspiele, seit 1999 auf einer neuen Tribüne. Hunderte Laienschauspieler spielen mit in Stücken über Freiheitshelden wie Andreas

Oberstdorf ist die erste Station der Vierschanzentournee. Hier Skispringer Thomas Morgenstern in der Saison 2008

Hofer, Wilhelm Tell und den Götz von Berlichingen. Die Aufführungen finden mittlerweile alle vier Jahre statt, (2009: Andreas Hofer).
www.freilichtbuehne-altusried.de
20. Juni-30. Aug.

Frundsbergfest in Mindelheim
Festzüge mit über 2000 Mitwirkenden, Freilichtspiele, Vorführungen von alten Handwerkszünften, ein Bauernmarkt und nachgestelltes mittelalterliches Lagerleben gibt es seit 1853 alle drei Jahre zum Frundsbergfest – zum Andenken an den „Landsknechtvater" Georg von Frundsberg.
www.frundsbergfest.de
Juni/Juli (10 Tage)

Juli
Fischertag in Memmingen
Über Jahrhunderte diente der Memminger Stadtbach als Be- und Entwässerungsanlage, aber auch zur Müllentsorgung. Um das Rinnsal zu reinigen, ließ man jährlich das Wasser ab. Zuvor wurde der Bach leer gefischt. Heute wird der Fischertag an einem Tag im Juli zelebriert. Die Memminger versammeln sich dann mit Keschern am Stadtbach, und wenn um 8 Uhr der Startschuss fällt, stürzen sie sich ins Wasser und versuchen, die dickste Forelle zu fangen. Der glückliche Gewinner wird ermittelt und feierlich zum „Fischerkönig" gekürt.
www.fischertagsverein.de

Tänzelfest in Kaufbeuren
„Kinder spielen die Geschichte ihrer Stadt" – Unter diesem Leitsatz schlüpfen rund 1600 Kinder in historische Kostüme, steigen auf Pferde und in Kutschen und versetzen die Stadt in die Vergangenheit zurück.
www.taenzelfest.de
Ende Juli, August; s. S. 8

Allgäuer Festwoche
Die bedeutendste Wirtschaftsmesse der Region mit Erzeugnissen und Exponaten aus Industrie, Handel, Landwirtschaft und Dienstleistung ist auch ein beliebtes Allgäuer Volks- und Sommerfest. Zum abwechslungsreichen Neun-Tage-Programm gehören Konzerte, Kunstausstellung und Sportwettkämpfe.
www.festwoche.com

Oberstdorfer Musiksommer
Jährlich lockt die Veranstaltung talentierte Musikstudenten nach Oberstdorf und Umgebung. Ein abwechslungsreiches Festivalprogramm bietet eine Mischung verschiedenster Stilrichtungen und Besetzungen.
www.oberstdorf.de/erlebnis/musiksommer

Alphornbläsertreffen
Am letzten Sonntag im August treffen sich die Liebhaber des archaischen Instruments im Allgäu zum jährlichen Alphornbläsertreffen. 2009 erklingen die Hörner in Eisenberg, 2010 auf dem Fellhorn und 2011 in Seeg. An einem Sonntag Ende September wird mit der „Älplerletzte" der Bergsommer verabschiedet, 2009 auf dem Fellhorn.
www.oberallgaeu.org/index.shtml?allgaeueralphorn

September
Viehscheid
Eine der bekanntesten Allgäuer Traditionen ist der Alpabtrieb, der „Scheid". Das im Frühsommer auf die saftig grünen Bergwiesen getriebene Vieh kehrt in das Tal zurück, wird hier „geschieden" und seinen Besitzern zurückgegeben. Zur feierlichen Ankunft werden den Jungtieren Schellen umgelegt. Blieben die Tiere von Unglücken auf der Alp verschont, wird das Leittier mit Blumen und Zweigen üppig geschmückt. Mit dem Scheid ist oft ein großer Krämermarkt mit Festzelt und Verkaufsständen verbunden.
www.allgaeuseiten.de/viehscheid.htm
Abhängig von der Region zwischen Mitte September und Mitte Oktober

Festival der Nationen
1995 gründete der Dirigent und Pianist Justus Frantz die „Philharmonie der Nationen", die sich aus begabten Musikern aus 40 Nationen zusammensetzt. Die Idee dahinter: Musik vermittelt auch über Sprachgrenzen hinweg. Jährlich kann man Frantz und seine Philharmonie in Bad Wörishofen beim Festival der Nationen erleben.
www.festivaldernationen.de
Ende September bis Anfang Oktober

Oktober
Kolomansfest in Schwangau
Das Fest verehrt den irischen heiligen Koloman, den Schutzpatron der Kranken und des Viehs, der auf einer Pilgerreise nach Palästina angeblich hier Rast machte. Höhepunkt ist der „Kolomansritt". Dabei ziehen rund 200 Reiter und eine Reihe von Pferdekutschen in feierlicher Prozession aus dem Ort zur im freien Feld liegenden Kirche Sankt Koloman.
www.schwangau.de
Zweites Oktoberwochenende

Dezember
Vierschanzentournee
Seit 1952 findet am Jahresende in Oberstdorf der Auftakt der Vierschanzentournee statt, die sich in Garmisch-Partenkirchen, Innsbruck und Bischofshofen fortsetzt. Hier kann man mit den mutigen Skispringern mitfiebern und echte Wettkampfatmosphäre spüren. Das wichtigste Sportereignis im Ort.
www.oberstdorf.de
Ende Dezember

Das Allgäu in Zahlen

Einwohner ca. 640 000
Fläche ca. 4 475 km²
Größte Stadt Kempten mit rund 65 000 Einwohnern
Höchster Gipfel ist der Große Krottenkopf (2 657 m) – der liegt schon in Tirol
Größte Gewässer sind der Forggensee (ca. 16 km²) als Stausee und der Großer Alpsee (ca. 2,4 km²) als Natursee
Tourismus ca. 16 Millionen Übernachtungen pro Jahr
Wirtschaft Das Allgäu ist ein Viehzuchtgebiet und bedeutend in der Butter- und Käseerzeugung. Dazu kommt die Baumwoll- und feinmechanische Industrie sowie der Tourismus. Firmen, die deutschland- oder weltweit agieren, sind z. B. Ehrmann, Goldhofer, Liebherr, Abt Sportsline, Fendt, Faszinatour und Alpina.
Besucherrekord Mit ca. 1,3 Mio. Besuchern pro Jahr ist das Schloss Neuschwanstein die meistbesuchte Sehenswürdigkeit im Allgäu und eine der bedeutendsten in Deutschland.
Gliederung Die Grenzen des Allgäus sind nicht verwaltungsmäßig festgelegt. Der größere Teil der Region gehört zum bayerischen Regierungsbezirk Schwaben. Dazu zählen das Unter-, Ost- und Oberallgäu sowie ein Teil des Westallgäus mit Lindau, der Kreisstadt am Bodensee. Der restliche Teil des Westallgäus liegt im baden-württembergischen Landkreis Ravensburg. Das Kleinwalsertal, das Tannheimer Tal und Jungholz bilden das „österreichische" Allgäu.

Kempten

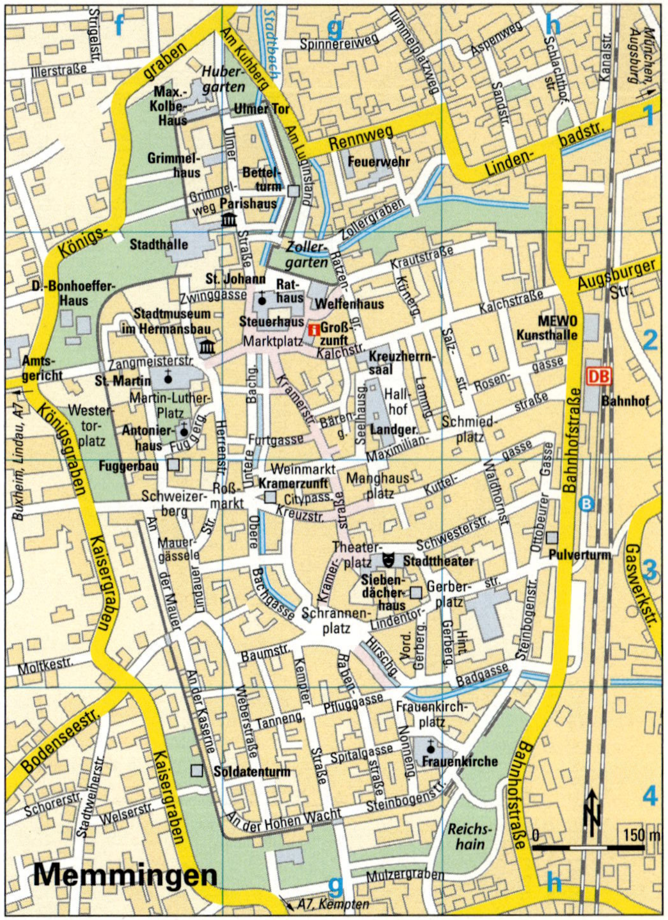
Memmingen

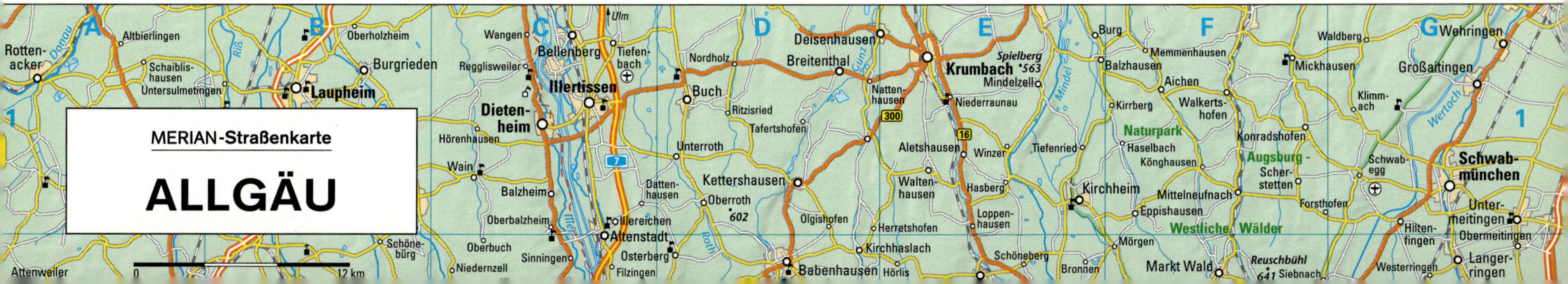
MERIAN-Straßenkarte
ALLGÄU

MERIAN live! Allgäu **Wolfhart Berg, Travel House Media 2006, 128 S., 7,95 €** Mit praktischen Urlaubstipps werden die schönsten Orte und Sehenswürdigkeiten, aber auch typische Landschaften und faszinierende Naturschauspiele vorgestellt.

REISEFÜHRER

Allgäu **Bernhard Abend, Baedeker Allianz 2008, 324 S., 19,95 €** Der über 300 Seiten dicke Reiseführer ist ein verlässlicher Partner für einen ausgedehnten Allgäu-Aufenthalt. Mit detaillierter Reisekarte.

Allgäu **Katrin Lindner/Jens Willhardt, Michael Müller 2006, 255 S., 15,90 €** Ausführlicher Reiseführer mit vielen Gastro- und Hoteltipps sowie Wander- und Fahrradtourenvorschlägen.

Allgäu **Elke Homburg, DuMont 2004, 240 S., 12 €** Die Informationen sind zwar nicht mehr ganz auf dem neusten Stand, aber meist immer noch gut zu gebrauchen. Handlich.

Burgenregion Allgäu **Joachim Zeune, Büro für Burgenforschung 2008, 160 S., 5 €** Detaillierter, schön gestalteter Kulturführer über die Burgen im Allgäu. Erhältlich in den Touristeninformationen vor Ort.

Urlaubsguide Allgäu **Naturweites Entdeckerparadies, 164 S. gratis, Prospektservice Allgäu, Allgäuer Str. 1, 87435 Kempten, info@allgaeu.info** Viele Informationen zu allen Allgäuer Themen, Tipps und jede Menge Adressen.

AKTIV

Allgäu **Michael Graf, Bruckmann 2006, 144 S., 16,90 €** Radführer mit praktischem, herausnehmbaren Kartenheft.

Allgäuer Hüttenbuch **Klaus Schlösser, SL-Verlag 2006, 112 S., 13,90 €** Geschichte von zwölf Schutzhäusern in den Allgäuer Alpen und im Tannheimer Tal mit Portraits, Erlebnissen und Erinnerungen der Wirte.

Allgäuer und Ammergauer Alpen mit Tannheimer Bergen **Dieter Seibert, Rother 2008, 478 S., 22,90 €** Seit 1925 wird der Alpenvereinsführer immer wieder neu aufgelegt, bis heute hat er bei vielen Alpinwanderern einen festen Platz im Rucksack. Touren über befestigte Wanderwege bis zu leichten Kletterrouten, immer dargestellt mit allen Zustiegen, Verbindungswegen und Gipfelanstiegen.

Die schönsten Bergtouren für Langschläfer in den Allgäuer Alpen **Gaby Funk, C. J. Bucher 2008, 96 S., 12,95 €** Wer nicht in aller Herrgottsfrühe zu Berge steigen möchte, findet in dem Buch reizvolle Halbtagestouren mit allen Informationen.

Magisches Allgäu **Ursula van Arensbergen, AT Verlag AZ Fachverlage 2008, 256 S., 19,90 €** Fast fünfzig meist ein- bis dreistündige Touren zu besonderen Orten im Allgäu, ob Wallfahrtsort oder keltisches Heiligtum. Nicht aus der Esoterik-Ecke, sondern praktisch und mit vielen Geheimtipps versehen.

Rother Wanderführer Allgäu 1-4 **Dieter Seibert/Herbert Mayr, Rother 2005-2008, je 128 S., 10,90-11,90 €** Das vierbändige, nach Regionen unterteilte Standardwerk für Vielwanderer.

Von Hütte zu Hütte **Klaus Schlösser, SL-Verlag 2007, 96 S., 9,90 €** 19 Tages- und Mehrtagestouren von leicht bis knackig, mit kleiner Wetterkunde und Höhenprofilen.

LITERATUR

Allgäuer Sagen **Hermann Endrös/Alfred Weitnauer, Franz Brack 2005, 608 S., 24,80 €** Umfangreiche Sammlung der regionalen Volkssagen.

Die Strohhutmorde **Kurt Simmeth, Dannheimer Verlag 2008, 364 S., 14,90 €** Der vielschichtige Plot des Allgäu-Thrillers, in dem ein Mord dem anderen folgt, hält den Leser bis zum Schluss in Atem.

Im Wasserfall **Brigitte Mauderer Maximilian Dietrich 2004, 258 S., 12,80 €** Einfühlsamer Krimi über Kristina, die ihre verschwundene Schwester sucht und sich dabei in deren Exgeliebten verliebt.

BILDBÄNDE

Bildschönes Allgäu **Klaus-Jürgen Vetter, Bruckmann 2007, 93 S., 14,95 €** Das Werk bietet einen umfassenden Eindruck vom Allgäu mit aufschlussreichen Bildlegenden.

Traumhaftes Allgäu **Gerald Schwabe, J. Eberl 2005, 151 S., 19,50 €** Stimmungsvolle Naturaufnahmen des südlichen Allgäus. Gern stellt der Autor Sommer- und Winterbilder des gleichen Motivs gegenüber und variiert die Ansichten durch kleine Perspektivwechsel.

SACHBUCH

Kleiner Sprachatlas von Bayerisch-Schwaben **Werner König/Manfred Renn, Wißner 2007, 14,80 €** Die Sprachkarten zeigen anschaulich, wie unterschiedlich einzelne Dinge je nach Region benannt und ausgesprochen werden – trotz des eigentlich recht kleinen Sprachraums. Ein Sachbuch zum bayerisch-schwäbischen Sprachgemisch.

KULINARISCHES

Gaumenfreunde zwischen Iller und Lech **Johanna Badorrek (g.), Hoffmann und Campe 2008, 144 S., 22 €** Profis und prominenten Hobbyköchen in die Töpfe geguckt: Rezepte mit landestypischen Spezialitäten nach traditioneller oder auch mal ganz moderner Art, garniert mit Portraits und Geschichten aus der Region. Eine kulinarische Reise voller Entdeckungen.

MERIAN | TIPP

Das Ende des Märchenkönigs

Ein König wird beseitigt Ludwig II. von Bayern **Heinz Häfner, C.H. Beck 2008. 544 S., 38 €** Ein weitgehend unbekanntes Bild des Königs. Seine Gegner ließen ihn für irrsinnig erklären, um ihn zu stürzen.

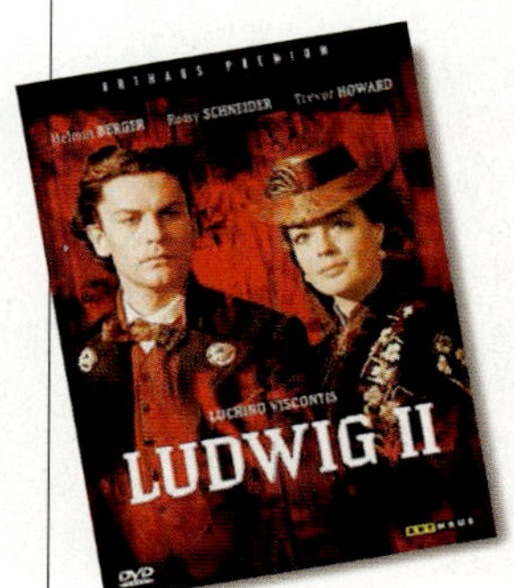

Ludwig II. **Luchino Visconti, 1972, 247 Min., 19,95 €** Meisterhaft inszeniertes Epos über Leben und Leiden des Bayernkönigs. Gedreht an Originalschauplätzen, u. a. mit Helmut Berger (Ludwig II.) und Romy Schneider (Sisi).

Bücher können Sie bestellen unter www.merianshop.de

Freuen Sie sich auf das nächste Heft | Im Handel ab 23. April 2009

Blick auf Palmas Kathedrale: 700 Jahre große Baugeschichte

Cala de Deià: Und immer lockt die Schönheit der Natur

Pflanzenflüsterer: Gärtnerinnen mit Leidenschaft

Mallorca Der ewige Glücksfall für alle Reisenden

Die Lieblingsinsel im Mittelmeer bietet immer wieder Neues. Jetzt entdeckt sie ihre historischen, ihre sinnlichen Seiten: immer internationaler die feinen Kulturzentren, immer schöner die pulsierende Altstadt von Palma, immer luxuriöser die ländlichen Herbergen – und eine überwältigende Landschaft, durch die neue Wanderwege führen

> Das Wahrzeichen der Insel: Sa Seu, die Kathedrale des Lichts

> Finca-Ferien: Golf, Reiten, Wellness, Wandern – Hotels für jeden Geschmack

> Palma privat: Ein Kenner führt durch die Gassen der Altstadt

> Grüne Eminenzen: Zu Besuch bei den großen Damen der Gartenszene

Zuletzt erschienen:

März 2009

Februar 2009

Januar 2009

Dezember 2008

November 2008

Oktober 2008